외식업 프로듀서의 8단계 전략

줄 서는 식당을 만드는 Concept 기획

김영갑 지음

이프레스

머리말

외식업의 새로운 시대, 왜 프로듀싱이 필요한가?

외식업은 빠르게 변화하고 있습니다. 과거에는 맛과 위치, 적당한 가격만으로 성공을 기대할 수 있는 시대가 있었다면, 이제는 그것만으로는 부족합니다. 고객은 단순히 음식을 소비하는 것을 넘어, 외식 브랜드가 제공하는 가치를 경험하고, 특별한 의미를 찾기를 원합니다. 이러한 변화는 외식업을 단순한 창업의 영역에서 벗어나, 체계적으로 설계된 브랜드를 요구하는 시대로 전환시키고 있습니다. 외식업 프로듀싱은 바로 이 새로운 시대의 요구에 부응하기 위해 등장했습니다.

성공적인 외식업은 이제 단순히 매장을 열고 좋은 음식을 제공하는 것만으로는 이룰 수 없습니다. 고객의 기대는 점점 더 복잡해지고, 경쟁은 더욱 치열해지고 있으며, 디지털 기술의 발전은 외식업 전반에 새로운 도전과 기회를 동시에 제공하고 있습니다. 이러한 환경 속에서 외식업 프로듀싱은 더 이상 선택이 아니라 필수가 되고 있습니다. 외식업 프로듀싱은 외식업을 단순히 음식과 서비스로 정의하는 것을 넘어, 고객의 경험과 브랜드의 가치를 설계하는 과정입니다. 이는 맛, 공간, 서비스, 마케팅, 운영 시스템까지 모든 요소를 아우르며, 고객에게 일관된 브랜드 경험을 제공하고 시장에서 차별화된 가치를 만들어내는 데 초점을 맞춥니다.

외식업 프로듀싱이 중요한 이유는 명확합니다. 현대 외식 시장은 더 이상 단순한 경쟁의 장이 아닙니다. 고객은 더 높은 수준의 가치를 기대하며, 지속 가능성, 건강, 개인화, 디지털 경험과 같은 새로운 기준을 중심으로 선택을 내리고 있습니다. 프로듀싱은 이러한 변화하는 고객 니즈를 분석하고 이를 브랜드의 전략에 반영함으로써, 시장에서 지속 가능하고 경쟁력 있는 입지를 구축할 수 있도록 돕습니다. 또한, 프로듀싱은 단순히 현재의 성공에 그치지 않고, 브랜드가 지속적으로 성장하고 변화에 대응할 수 있도록 체계적인 기반을 제공합니다.

외식업 프로듀서는 단순히 음식을 만들고 매장을 운영하는 사람이 아닙니다. 브랜드를 설계하고, 고객과의 관계를 구축하며, 시장 변화에 민첩하게 대응하는 디자이너이자 전략가입니다. 고객의 기대를 넘어서는 경험을 제공하고, 브랜드의 스토리와 가치를 고객의 마음에 심는 것이 바로 외식업 프로듀서의 역할입니다. 이를 통해 고객은 단순한 소비자가 아니라 브랜드와 함께하는 동반자가 되고, 브랜드는 고객의 삶 속에 깊이 자리 잡을 수 있습니다.

이 책은 외식업 프로듀서로 성장하고자 하는 이들에게 실질적이고 체계적인 가이드를 제공합니다. 창업을 준비 중인 이들부터 이미 외식업을 운영하고 있지만 한 단계 더 도약을 꿈꾸는 경영자까지, 누구에게나 유용한 통찰과 전략을 담고 있습니다. 외식업의 새로운 시대는 도전과 기회가 공존하는 시기입니다. 변화는 단순히 피해야 할 장애물이 아니라, 더 나은 방향으로 나아갈 수 있는 가능성입니다. 이 책을 통해 여러분이 외식업 프로듀서로서의 여정을 시작하고, 고객과 브랜드 모두에게 의미 있는 가치를 창출하며, 외식업에서 새로운 기준을 세우기를 바랍니다.

외식업 프로듀싱은 단순히 성공적인 사업을 만드는 것을 넘어, 고객과 소통하며 함께 성장하는 즐거움입니다. 여러분의 브랜드가 고객에게 사랑받고, 외식업 시장에서 빛나는 존재로 자리 잡을 수 있도록 이 책이 든든한 동반자가 되어줄 것입니다. 이제, 외식업 프로듀서로서의 첫걸음을 내디딜 준비가 되셨습니까?

여러분의 멋진 여정을 응원합니다.

2025년 2월

저자

차례

PART 1

외식업 프로듀싱의 이해

외식업 프로듀서란?

01

CHAPTER

1. 외식업 프로듀서의 정의와 역할

외식업 프로듀서는 단순히 식당을 운영하거나 창업을 돕는 역할을 넘어, 외식 브랜드의 전체적인 방향성과 정체성을 설계하고 이를 실행하는 핵심 주체입니다. 이들은 고객이 외식 브랜드를 접하는 모든 순간에 영향을 미치며, 브랜드의 콘셉트부터 운영 체계, 서비스, 마케팅, 그리고 확장 전략에 이르기까지 모든 과정을 책임집니다. 외식업 프로듀서는 브랜드의 설계자이자, 매출과 고객 경험의 설계자로서 외식업 성공의 핵심 역할을 수행합니다.

외식업 프로듀서를 이해하기 위해 먼저 정의를 살펴볼 필요가 있습니다. 외식업 프로듀서는 외식 브랜드가 제공하는 가치와 경험을 구체화하고, 이를 고객에게 전달하기 위한 모든 과정을 계획하고 실행하는 전문가입니다. 브랜드의 콘셉트를 정의하고, 이를 매장 디자인, 메뉴 구성, 서비스 방식 등에 반영하여 하나의 통합된 브랜드 경험을 만들어냅니다.

이들의 역할은 외식업이 단순히 음식을 제공하는 곳에서 고객에게 특별한 경험과 기억을 남기는 장소로 변화하고 있다는 점에서 더욱 중요합니다. 고객의 선택은 단순히 음식의 맛이나 가격에 의해서만 결정되지 않습니다. 브랜드가 전달하는 이미지, 스토리, 서비스, 그리고 전체적인 경험이 고객의 선택에 큰 영향을 미칩니다. 따라서 외식업 프로듀서는 단순한 운영자가 아니라, 브랜드의 비전과 가치를 구체화하고 이를 실현하는 전략가라고 할 수 있습니다.

외식업 프로듀서의 주요 역할

브랜드 설계자로서의 역할입니다. 외식업에서 브랜드는 단순한 이름이나 로고 이상의 의미를 지닙니다. 브랜드는 고객에게 특정 이미지를 전달하고, 고객의 감정과 기억에 남는 가치를 제공합니다. 외식업 프로듀서는 브랜드의 핵심 가치를 정의하고, 이를 시각적 요소, 스토리텔링, 그리고 고객 경험 설계를 통해 구체화합니다. 예를 들어, 건강한 식사를 제공하는 브랜드라면 이를 강조하는 이름, 로고, 매장 분위기, 메뉴 구성을 설계해야 합니다.

운영 전략가로서의 역할입니다. 외식업은 운영 효율성이 곧 매출과 직결되는 산업입니다. 외식업 프로듀서는 효율적인 주방 동선 설계, 인력 배치, 메뉴 구성, 재고 관리 등 운영 시스템을 구축하고 최적화합니다. 이는 매출을 극대화하고 비용을 절감하며, 고객에게 안정적이고 일관된 서비스를 제공하기 위한 필수 요소입니다.

고객 경험 설계자로서의 역할입니다. 현대 외식업에서 고객 경험은 성공의 중요한 열쇠입니다. 고객이 브랜드를 처음 접하는 순간부터 매장을 방문하고 식사하며 떠나는 과정까지 모든 순간이 하나의 경험으로 연결됩니다. 외식업 프로듀서는 고객의 감각을 자극하고, 브랜드의 가치를 전달할 수 있는 경험을 설계합니다. 예를 들어, 고객이 기다리는 동안 제공되는 작은 음료나 친절한 직원의 응대는 고객에게 브랜드의 이미지를 강하게 각인시킬 수 있습니다.

변화와 트렌드에 대응하는 실행자로서의 역할입니다. 외식업 시장은 빠르게 변화하며, 고객의 니즈와 트렌드 역시 끊임없이 바뀝니다. 외식업 프로듀서는 이러한 변화를 읽고, 이를 브랜드 전략에 반영하여 지속적으로 브랜드를 혁신합니다. 예를 들어, 디지털 기술이 발전함에 따라 모바일 앱을 통한 예약 및 결제 시스템 도입, SNS를 활용한 온라인마케팅 전략 등이 외식업 프로듀서의 중요한 역할로 떠오르고 있습니다.

외식업 프로듀서의 중요성

외식업 프로듀서는 브랜드의 전반적인 성공과 직결된 역할을 합니다. 고객은 브랜드를 통해 음식을 넘어서는 가치를 경험하기를 기대하며, 외식업 프로듀서는 이러한 기대를 충족시키는 설계와 실행을 담당합니다. 이는 단순히 매출 증가뿐만 아니라, 고객과의 신뢰 관계를 구축하고 장기적인 충성도를 확보하는 데 중요한 역할을 합니다.

또한, 외식업 프로듀서는 내부적으로 브랜드의 모든 요소를 하나의 통합된 비전 아래 결합시키는 역할을 합니다. 직원 교육, 서비스 표준화, 메뉴 개발 등 운영의 모든 부분에서 일관성을 유지하게 하여 브랜드의 정체성을 강화합니다. 이는 브랜드가 확장되거나 프랜차이즈화되는 과정에서도 큰 장점으로 작용합니다.

결론적으로 외식업 프로듀서는 단순한 창업이나 운영의 역할을 넘어, 브랜드의 설계자이자 실행자로서 외식업 성공의 중심에서 있습니다. 고객에게는 특별한 경험을 제공하고, 브랜드에게는 지속 가능한 운영과 성장을 가능하게 하는 전략을 설계합니다. 변화하는 외식업 환경에서 외식업 프로듀서의 역할은 점점 더 중요해지고 있으며, 이는 외식업의 새로운 시대를 이끄는 핵심 동력이 될 것입니다.

2. 외식업에서 프로듀싱이 필요한 이유

외식업은 단순히 음식을 제공하는 산업이 아닙니다. 고객은 외식 브랜드를 통해 맛있는 음식을 즐기는 것을 넘어, 특별한 경험과 가치를 기대합니다. 이러한 기대를 충족시키기 위해서는 단순한 창업과 운영을 넘어서는 전략적 접근이 필요합니다. 바로 이 점에서 외식업 프로듀싱의 중요성이 부각됩니다. 프로듀싱은 브랜드의 본질을 설계하고, 이를 운영과 마케팅 전반에 걸쳐 체계적으로 실행함으로써 외식 브랜드의 성공 가능성을 극대화하는 역할을 합니다.

변화하는 외식업 시장과 고객의 기대

오늘날의 외식업은 단순히 음식을 먹는 행위를 넘어 고객의 감각과 감정을 만족시키는 경험 중심의 산업으로 변화하고 있습니다. 고객은 브랜드의 정체성과 스토리를 중시하며, 단순한 한 끼 식사를 넘어 자신의 라이프스타일과 부합하는 가치를 찾습니다. 예를 들어, 지속 가능한 재료를 사용하는 브랜드는 환경을 중시하는 고객에게 큰 매력을 발휘합니다. 이러한 변화는 외식업이 단순한 음식 제공을 넘어 고객과 감정적으로 연결될 수 있는 프로듀싱 역량을 요구하고 있습니다.

또한, 외식업 시장의 경쟁은 갈수록 치열해지고 있습니다. 유사한 메뉴와 가격대를 가진 브랜드가 넘쳐나는 상황에서, 고객의 선택을 받기 위해서는 차별화된 전략과 명확한 브랜드 콘셉트가 필수적입니다. 외식업 프로듀싱은 이러한 차별화를 가능하게 하며, 고객이 브랜드를 선택하도록 만드는 강력한 무기가 됩니다.

브랜드의 일관성과 통합된 경험 설계

외식업에서 프로듀싱이 필요한 가장 큰 이유 중 하나는 브랜드의 일관성을 유지하기 위함입니다. 고객은 브랜드와 접촉하는 모든 순간에서 일관된 경험을 기대합니다. 매장 디자인, 메뉴 구성, 서비스 방식, 마케팅 메시지까지 모든 요소가 하나의 통합된 브랜드 이미지를 전달해야 합니다. 이 과정에서 프로듀서는 브랜드의 본질을 설계하고, 이를 모든 운영과 마케팅 활동에 일관되게 반영하는 역할을 합니다.

예를 들어, 건강과 웰빙을 강조하는 브랜드라면 메뉴뿐만 아니라 매장의 분위기, 서비스 언어, 홍보 메시지까지 그 가치를 전달해야 합니다. 이러한 일관성이 없다면 고객은 브랜드의 정체성을 이해하지 못하고 혼란을 느낄 수 있습니다. 프로듀싱은 브랜드의 모든 요소를 조율하여 고객에게 명확하고 강렬한 인상을 남기도록 돕습니다.

성공적인 운영과 확장을 위한 기반 마련

외식업 프로듀싱은 브랜드가 성공적으로 운영되고 확장될 수 있는 기반을 마련합니다. 잘 설계된 브랜드는 단순히 한 매장에서의 성공을 넘어서 프랜차이즈화 또는 글로벌 확장 가능성을 열어줍니다. 그러나 이러한 확장은 단순한 운영 매뉴얼만으로는 이루어질 수 없습니다. 프로듀싱을 통해 브랜드의 본질과 가치를 체계적으로 정립하고, 이를 확장 과정에서도 일관되게 유지할 수 있어야 합니다.

예를 들어, 글로벌 프랜차이즈 브랜드 맥도날드는 브랜드의 본질인 '빠르고 일관된 품질의 음식 제공'을 프로듀싱을 통해 전 세계적으로 구현했습니다. 이러한 사례는 프로듀싱이 단순히 브랜드를 설계하는 것 이상으로, 브랜드가 다양한 환경에서도 성공적으로 운영될 수 있도록 돕는 전략적 도구임을 보여줍니다.

지속 가능한 경쟁력 확보

외식업은 끊임없이 변화하는 산업입니다. 고객의 취향, 기술의 발전, 시장의 트렌드 등은 외식업의 지속 가능성에 큰 영향을 미칩니다. 외식업 프로듀싱은 브랜드가 이러한 변화에 민첩하게 대응할 수 있도록 돕습니다. 예를 들어, 디지털 기술이 발전하면서 온라인 예약 시스템, 모바일 결제, SNS 마케팅 등 새로운 요소들이 외식업의 필수적인 부분이 되었습니다. 프로듀서는 이러한 변화에 맞춰 브랜드 전략을 조정하고, 시장에서 지속 가능한 경쟁력을 유지할 수 있도록 지원합니다.

또한, 프로듀싱은 고객 데이터를 활용하여 개인화된 경험을 제공하는 데에도 기여합니다. 고객의 선호도와 행동 데이터를 분석하여 맞춤형 메뉴 추천, 개인화된 프로모션 제공 등을 통해 고객 만족도를 높이고, 충성도를 강화할 수 있습니다.

결론적으로 외식업에서 프로듀싱은 브랜드가 단순히 살아남는 것을 넘어, 성공적으로 성장하고 확장할 수 있는 전략적 도구입니다. 이는 고객이 브랜드를 선택하고 사랑하게 만드는 핵심 요소인 동시에, 치열한 시장 경쟁에서 브랜드의 지속 가능성을 확보하는 데 필수적인 역할을 합니다. 외식업 프로듀서는 단순한 운영의 틀을 넘어 브랜드의 정체성을 설계하고, 이를 통해 고객과 감정적으로 연결되는 경험을 창출합니다. 변화하는 외식업 환경에서 프로듀싱은 더 이상 선택이 아니라 필수입니다.

3. 성공적인 외식업 사례 속 프로듀서의 힘

외식업에서 성공을 거둔 브랜드의 공통점은 무엇일까요? 뛰어난 맛, 독창적인 콘셉트, 고객 지향적인 서비스 등 여러 요소가 떠오를 수 있습니다. 하지만 이러한 모든 요소를 효과적으로 통합하고, 시장에서 차별화된 가치를 제공하는 데 결정적인 역할을 하는 이가 바로 외식업 프로듀서입니다. 성공적인 외식업 사례를 통해 프로듀서의 역할과 힘을 구체적으로 살펴보면, 이들이 브랜드 성장의 숨은 주역임을 확인할 수 있습니다.

차별화된 콘셉트로 고객의 마음을 사로잡다

성공적인 외식업 브랜드는 대부분 뚜렷한 콘셉트를 가지고 있습니다. 예를 들어, 미국의 치폴레(Chipotle)는 “패스트푸드와는 다른 패스트 캐주얼”이라는 콘셉트로 시장에 진입했습니다. 신선한 재료와 간소화된 메뉴, 고객이 직접 선택하는 맞춤형 식사 경험은 기존의 패스트푸드 시장에서 차별화된 요소로 작용했습니다. 이 모든 과정을 설계하고 실행한 프로듀서의 역할은 치폴레가 전 세계적으로 성공하는 데 있어 핵심적인 힘이 되었습니다.

일관성 있는 경험으로 신뢰를 구축하다

일관된 브랜드 경험을 제공하는 것은 외식업에서 매우 중요합니다. 세계적인 커피 브랜드 스타벅스는 고객이 어느 매장을 방문하든 동일한 품질의 커피와 분위기를 경험할 수 있도록 철저히 설계되었습니다. 스타벅스의 프로듀서는 브랜드의 아이덴티티를 모든 매장과 서비스 요소에 일관되게 반영하면서도, 지역적 특성을 고려한 세부적인 차별화를 통해 글로벌 시장에서 성공을 거둘 수 있었습니다. 이러한 접근은 고객의 신뢰를 얻고 충성도를 높이는 데 결정적 역할을 했습니다.

고객 데이터를 활용해 개인화된 경험을 제공하다

일본의 회전초밥 브랜드 스시로(Sushiro)는 고객 데이터를 적극적으로 활용해 성공을 거둔 사례로 잘 알려져 있습니다. 매장 내 고객의 주문 패턴과 선호도를 분석해 메뉴를 최적화하고, 대기 시간을 줄이는 시스템을 도입했습니다. 이러한 데이터 중심의 전략은 프로듀서가 설계한 운영 체계의 일환으로, 고객에게 맞춤화된 경험을 제공하며 경쟁사와 차별화되는 가치를 창출했습니다.

운영 효율성을 극대화해 지속 가능성을 확보하다

맥도날드는 전 세계 어디에서나 동일한 품질의 음식을 빠르게 제공할 수 있는 체계를 구축했습니다. 이를 가능하게 한 것은 프로듀서가 설계한 효율적인 주방 동선, 표준화된 조리 과정, 그리고 철저한 직원 교육 시스템이었습니다. 프로듀서의 이러한 전략적 설계는 맥도날드가 글로벌 브랜드로 자리 잡는 데 있어 필수적인 역할을 했습니다. 단순히 맛있는 음식을 제공하는 것을 넘어, 운영의 효율성과 일관성을 극대화해 고객 만족도를 유지하고, 지속 가능한 성장을 이루는 기반을 마련했습니다.

혁신으로 시장을 선도하다

혁신은 외식업에서 경쟁력을 유지하는 핵심 요소입니다. 미국의 레스토랑 체인 파네라 브레드(Panera Bread)는 빠르게 변화하는 고객의 니즈에 맞춰 디지털 키오스크와 모바일 앱을 도입해 주문과 결제를 간소화했습니다. 또한, 고객이 주문 상태를 실시간으로 확인할 수 있는 시스템을 구축해 편리성을 제공했습니다. 이 모든 혁신적인 서비스는 프로듀서의 비전에서 시작되었으며, 고객 경험을 개선하는 동시에 매출 증대라는 성과로 이어졌습니다.

실패에서 배움을 얻어 성공으로 전환하다

성공적인 외식업 브랜드 사례에는 실패를 극복하고 배움을 얻은 경험이 녹아 있습니다. 한때 실패했던 브랜드가 재기에 성공한 사례 중 하나로, 도미노 피자(Domino's Pizza)를 들 수 있습니다. 고객 피드백을 기반으로 피자의 맛과 품질을 전면적으로 개선하고, 새로운 광고 캠페인과 디지털 혁신을 도입한 결과, 도미노 피자는 과거의 실패를 딛고 업계 선두로 자리 잡았습니다. 이러한 변화의 중심에는 브랜드를 새롭게 설계하고 운영 체계를 혁신한 프로듀서의 역할이 있었습니다.

결론적으로 성공적인 외식업 사례는 단순히 운이나 특정 요소의 우수성에 의존하지 않습니다. 외식업 프로듀서는 브랜드의 본질을 설계하고, 이를 일관되게 실행하며, 변화하는 시장 환경에 민첩하게 대응하는 역할을 수행합니다. 고객의 신뢰를 얻고, 지속 가능한 경쟁력을 확보하며, 실패에서도 배움을 얻어 성공으로 전환시키는 힘은 외식업 프로듀서의 전문성과 전략에서 비롯됩니다. 이러한 사례는 외식업 프로듀싱의 중요성과 가능성을 잘 보여줍니다.

외식업 성공의 3요소

02

CHAPTER

4. 브랜드 콘셉트의 명확성

외식업의 성공은 단순히 맛있고 질 좋은 음식을 제공하는 데서 그치지 않습니다. 브랜드가 고객에게 전달하는 정체성과 가치가 명확할 때, 비로소 외식업 브랜드는 고객의 선택을 받고, 지속 가능한 성장을 이루어낼 수 있습니다. 이 모든 과정의 출발점이 바로 브랜드 콘셉트의 명확성입니다.

브랜드 콘셉트는 외식업 브랜드가 고객에게 전달하려는 메시지, 즉 브랜드의 존재 이유와 가치를 정의합니다. 고객은 브랜드를 단순히 음식점으로 인식하지 않고, 그곳에서 제공되는 경험과 이야기를 통해 브랜드를 기억합니다. 명확한 브랜드 콘셉트는 브랜드를 더욱 돋보이게 하고, 고객이 브랜드를 선택하는 이유를 명확히 합니다.

브랜드 콘셉트가 명확하지 않을 경우, 고객은 브랜드의 정체성을 이해하지 못하고 혼란을 느낄 수 있습니다. 이는 브랜드에 대한 신뢰를 약화시키고, 경쟁이 치열한 시장에서 도태될 가능성을 높입니다. 따라서 브랜드 콘셉트를 명확히 하고 이를 고객에게 효과적으로 전달하는 것은 성공적인 외식업의 필수 조건입니다.

브랜드 콘셉트를 명확히 하기 위한 요소

브랜드 콘셉트의 명확성을 높이기 위해 첫 번째로 중요한 것은 브랜드의 핵심 가치를 정의하는 것입니다. 핵심 가치는 브랜드가 고객에게 제공하고자 하는 가장 본질적인 메시지입니다. 예를 들어, 지역의 문화를 강조하는 브랜드라면, 이를 전달하는 메뉴 구성과 재료 선택, 매장 분위기까지 모든 요소가 그 메시지와 일치해야 합니다. 고객은 이러한 명확한 핵심 가치를 통해 브랜드가 추구하는 방향성을 이해하고 신뢰를 쌓게 됩니다.

두 번째는 고객 타깃을 명확히 설정하는 것입니다. 모든 고객을 만족시키려는 시도는 종종 누구에게도 선택받지 못하는 결과를 초래합니다. 젊은 세대를 겨냥한 브랜드라면 트렌디한 디자인과 독창적인 메뉴 구성이 필요하고, 가족 단위 고객을 타깃으로 한다면 편안한 분위기와 안정적인 맛을 제공해야 합니다. 고객 타깃을 명확히 설정하면 브랜드 메시지와 경험을 더욱 구체화할 수 있습니다.

세 번째는 차별화된 요소를 개발하는 것입니다. 외식업 시장에서 살아남기 위해서는 브랜드만의 독창적인 매력이 필요합니다. 이는 메뉴의 독특한 조리법, 지역 특산물을 활용한 메뉴, 또는 특별한 서비스 경험과 같은 다양한 방식으로 구현될 수 있습니다. 고객은 이 차별화된 요소를 통해 브랜드를 기억하고 다시 방문할 이유를 찾게 됩니다.

브랜드 콘셉트가 명확할 때의 효과

명확한 브랜드 콘셉트는 고객에게 브랜드의 가치를 직관적으로 전달합니다. 고객은 브랜드를 통해 단순히 음식을 소비하는 것을 넘어, 브랜드의 정체성과 스토리를 경험하게 됩니다. 예를 들어, 스타벅스는 단순히 커피를 판매하는 곳이 아니라, 고객이 머물고 싶은 "제3의 공간"이라는 콘셉트를 성공적으로 전달했습니다. 이러한 명확한 콘셉트는 고객 충성도를 높이는 데 중요한 역할을 합니다.

또한, 브랜드 콘셉트가 명확하면 내부 운영에도 큰 영향을 미칩니다. 브랜드의 모든 활동이 하나의 방향성을 가지게 되고, 직원 교육, 매장 디자인, 마케팅 전략 등 모든 운영 요소에서 일관성을 유지할 수 있습니다. 이는 브랜드에 대한 고객의 신뢰를 높이고, 재방문을 유도하는 데 중요한 역할을 합니다.

실패 사례와 교훈

반대로, 브랜드 콘셉트가 명확하지 않은 경우 고객에게 혼란을 줄 수 있습니다. 한 예로, 특정 한식당이 중간에 파스타나 스테이크와 같은 메뉴를 추가하면서 정체성을 잃는 경우를 들 수 있습니다. 고객은 이 브랜드가 한식당인지 퓨전 레스토랑인지 알 수 없게 되고, 브랜드의 신뢰도는 떨어지게 됩니다. 이러한 사례는 브랜드 콘셉트의 명확성이 얼마나 중요한지를 잘 보여줍니다.

명확한 브랜드 콘셉트를 위한 전략

브랜드 콘셉트를 명확히 하기 위해서는 고객과의 소통이 필요합니다. 고객이 브랜드를 어떻게 인식하고 있는지를 주기적으로 확인하고, 필요에 따라 콘셉트를 조정해야 합니다. 또한, 브랜드 스토리텔링은 콘셉트를 고객에게 효과적으로 전달할 수 있는 강력한 도구입니다. 창업의 배경, 메뉴에 얽힌 이야기, 브랜드가 추구하는 가치와 철학을 스토리로 풀어내면 고객의 마음에 오래도록 남을 수 있습니다.

결국, 브랜드 콘셉트의 명확성은 외식업 브랜드가 시장에서 살아남고, 성장하며, 고객과 지속적으로 소통할 수 있는 가장 중요한 도구입니다. 고객은 명확한 콘셉트를 통해 브랜드와의 관계를 형성하고, 브랜드를 선택하며, 이를 지지하게 됩니다. 외식업 프로듀서는 이러한 콘셉트를 설계하고 유지하며 발전시켜야 할 책임이 있습니다. 이는 단순히 성공적인 브랜드를 만드는 것을 넘어, 고객에게 사랑받는 브랜드를 설계하는 길입니다.

5. 운영 효율성과 시스템 구축

외식업에서 성공을 위해 가장 중요한 요소 중 하나는 효율적인 운영과 체계적인 시스템 구축입니다. 아무리 좋은 브랜드 콘셉트와 맛있는 메뉴를 갖추었더라도 운영의 효율성이 떨어지면 매출은 정체되고, 비용은 증가하며, 결국 지속 가능성을 잃게 됩니다. 운영 효율성과 시스템 구축은 외식업이 안정적이고 성공적으로 성장하는 데 필수적인 기반을 제공합니다.

운영 효율성은 매장 운영에 필요한 모든 자원, 즉 인력, 시간, 재료, 공간 등을 최적화하는 것을 의미합니다. 이는 고객에게 빠르고 만족스러운 서비스를 제공하면서도 비용을 절감하고 매출을 극대화할 수 있도록 돕습니다. 시스템 구축은 이러한 효율성을 유지하고 지속 가능하도록 만드는 방법입니다. 운영 시스템이 잘 설계되면 브랜드는 어떤 상황에서도 안정적으로 운영될 수 있습니다.

운영 효율성을 높이기 위한 핵심 요소

첫 번째로 중요한 것은 동선 설계입니다. 식당의 홀과 주방 동선은 직원과 고객 모두에게 영향을 미칩니다. 주방에서는 요리와 서빙 과정에서 불필요한 이동을 최소화할 수 있는 효율적인 구조가 필요합니다. 예를 들어, 조리대와 서빙 구역이 너무 멀리 떨어져 있으면 조리 시간이 길어지고 직원의 피로도가 높아질 수 있습니다. 고객의 경우, 주문에서 결제까지의 동선이 직관적이고 간결해야 대기 시간을 줄이고 만족도를 높일 수 있습니다.

두 번째는 주방 관리와 재고 관리입니다. 주방은 외식업 매장의 중심이며, 주방 관리가 효율적이지 않으면 전체 운영에 영향을 미칩니다. 메뉴의 조리 과정을 표준화하고, 조리 시간을 단축시키는 방법을 도입해야 합니다. 이를 위해 레시피와 조리법을 문서화하고 직원들이 쉽게 따라 할 수 있도록 교육해야 합니다. 또한, 재고 관리는 비용 관리에서 매우 중요한 부분입니다. 필요한 재료를 적절한 시점에 확보하고, 낭비를 줄이는 시스템이 필수적입니다.

세 번째는 직원 관리입니다. 직원은 운영 효율성을 좌우하는 중요한 자원입니다. 효율적인 인력 배치를 통해 특정 시간대에 적정 인원이 근무하도록 스케줄을 조정하고, 직원들에게 명확한 역할과 책임을 부여해야 합니다. 또한, 직원의 만족도가 높아야 서비스 품질이 유지되므로 정기적인 피드백과 교육을 통해 직원을 지원해야 합니다.

체계적인 시스템 구축의 중요성

운영 효율성을 유지하기 위해서는 이를 뒷받침할 수 있는 시스템이 필요합니다. 체계적인 시스템은 일관성을 유지하고, 효율적인 운영을 지속 가능하게 만듭니다. 특히, 매장 운영이 확대되거나 프랜차이즈화될 경우에는 이러한 시스템이 더욱 중요해집니다.

가장 기본적인 시스템은 POS(Point of Sale) 시스템입니다. POS 시스템은 주문, 결제, 매출 데이터를 실시간으로 관리할 수 있게 도와줍니다. 이를 통해 매출 패턴을 분석하고, 인기 메뉴와 비인기 메뉴를 파악해 메뉴 구성을 최적화할 수 있습니다. 또한, 직원들이 보다 효율적으로 주문을 처리할 수 있도록 돕습니다.

또한, 매뉴얼화된 운영 시스템도 필수적입니다. 조리법, 청소 절차, 고객 응대 방식 등 매장 운영의 모든 과정을 매뉴얼로 문서화하면 직원들이 일관된 방식으로 업무를 수행할 수 있습니다. 이는 직원의 숙련도와 경험에 따른 운영 품질의 변동성을 줄이고, 신규 직원의 교육 시간도 단축시킬 수 있습니다.

예약과 대기 관리 시스템도 중요합니다. 고객이 몰리는 시간대에 대기 시간을 효과적으로 관리할 수 있는 시스템이 있다면 고객 만족도가 크게 향상됩니다. 모바일 앱이나 온라인 예약 시스템을 도입하면 고객이 손쉽게 자리를 예약하고 대기 시간을 예측할 수 있습니다.

효율성과 시스템 구축의 성공 사례

운영 효율성과 시스템 구축의 중요성을 보여주는 사례로 패스트푸드 브랜드 맥도날드를 들 수 있습니다. 맥도날드는 전 세계 어디에서나 동일한 품질의 음식을 제공하기 위해 주방 동선, 조리법, 재고 관리, 직원 교육 시스템 등을 철저히 표준화했습니다. 이러한 시스템은 빠른 서비스와 낮은 운영 비용을 가능하게 했으며, 이는 맥도날드가 세계적인 성공을 거두는 데 중요한 역할을 했습니다.

또 다른 사례로는 일본의 스시 전문점이 있습니다. 회전 초밥 레스토랑은 주방에서 고객 테이블로 음식을 전달하는 동선을 최소화하면서도 고객에게 신속하게 음식을 제공하는 시스템을 도입했습니다. 이러한 효율적인 동선 설계는 직원의 피로도를 줄이고, 고객의 만족도를 높이는 데 기여했습니다.

지속 가능한 운영의 기반

운영 효율성과 시스템 구축은 단순히 비용 절감이나 수익 증대를 위한 수단이 아닙니다. 이는 브랜드의 지속 가능성을 위한 기반이 됩니다. 외식업은 고객의 니즈와 시장 환경이 끊임없이 변화하는 산업입니다. 효율적인 운영 시스템이 있으면 브랜드는 변화에 민첩하게 대응할 수 있습니다. 또한, 안정적으로 운영되는 시스템은 고객 신뢰를 강화하고, 브랜드의 장기적인 성장에 기여합니다.

결국, 외식업 프로듀서는 운영 효율성과 시스템 구축에 대해 깊이 고민해야 합니다. 이는 단순히 현재의 운영 문제를 해결하는 것을 넘어, 브랜드가 지속적으로 성장하고 확장할 수 있는 기반을 마련하는 과정입니다. 효율성과 체계적인 시스템은 외식 브랜드의 성공과 실패를 결정짓는 중요한 요소입니다.

6. 고객 경험 중심의 서비스 디자인

외식업은 단순히 음식을 판매하는 것을 넘어 고객에게 특별한 경험을 제공하는 산업으로 발전하고 있습니다. 오늘날의 고객은 단순히 맛있는 음식을 먹는 것만으로 만족하지 않습니다. 매장을 방문했을 때의 첫인상, 메뉴를 주문하는 과정, 음식을 먹는 동안 느끼는 감각적 즐거움, 매장을 떠날 때의 여운까지 모든 것이 하나의 종합적인 경험으로 이어져야 합니다. 고객 경험 중심의 서비스 디자인은 이 모든 과정을 설계하고 최적화하는 데 초점을 맞춥니다.

서비스 디자인이란 고객이 브랜드와 접촉하는 모든 순간을 체계적으로 설계하여 고객의 만족도를 극대화하는 과정입니다. 이를 통해 고객은 브랜드에 대한 긍정적인 기억을 형성하고, 브랜드에 대한 신뢰와 충성도를 갖게 됩니다. 외식업에서의 서비스 디자인은 매장 디자인, 서비스 프로세스, 메뉴 구성, 고객 응대, 디지털 경험 등 다양한 요소를 포함합니다.

고객 경험 중심의 서비스 디자인을 위한 핵심 요소

첫 번째는 고객 여정의 이해입니다. 고객 여정은 매장을 알게 되는 순간부터 방문, 주문, 식사, 결제, 매장을 떠난 이후까지의 모든 단계를 포함합니다. 각 단계에서 고객이 겪는 경험을 면밀히 분석하고, 긍정적인 경험을 강화하며, 불편한 요소를 제거해야 합니다. 예를 들어, 온라인 예약 시스템이 직관적이지 않거나 대기 시간이 길다면 고객은 처음부터 부정적인 인상을 받을 수 있습니다. 이를 개선하기 위해 고객의 여정을 분석하고 필요한 개선점을 찾아내는 것이 중요합니다.

두 번째는 감각적 경험의 설계입니다. 외식업은 고객의 시각, 청각, 후각, 미각, 촉각을 모두 자극할 수 있는 강력한 플랫폼입니다. 매장 인테리어, 조명, 음악, 메뉴의 비주얼, 음식의 향기와 맛까지 모든 요소가 고객의 감각을 만족시킬 수 있도록 설계되어야 합니다. 예를 들어, 조용하고 고급스러운 분위기를 강조하는 매장은 잔잔한 음악과 따뜻한 조명을 사용할 수 있습니다. 반면, 활기찬 분위기를 원한다면 밝은 조명과 활발한 음악이 적합할 것입니다.

세 번째는 직원과 고객의 상호작용 설계입니다. 고객 경험의 중요한 부분은 직원과 고객 간의 상호작용입니다. 직원의 친절한 응대, 고객의 니즈를 정확히 파악하는 능력, 문제 발생 시 신속한 해결 능력은 고객의 만족도를 크게 좌우합니다. 직원 교육을 통해 서비스 표준을 명확히 하고, 직원이 고객과 자연스럽게 소통할 수 있도록 돕는 것이 필수적입니다. 예를 들어, 고급 레스토랑에서는 세심하고 정중한 서비스가 중요하지만, 캐주얼 다이닝에서는 친근하고 활기찬 응대가 더 효과적일 수 있습니다.

네 번째는 대기 시간을 활용한 서비스입니다. 대기 시간은 고객이 브랜드를 어떻게 인식하는지에 큰 영향을 미칠 수 있는 중요한 순간입니다. 고객이 대기 시간을 불편하게 느끼지 않도록 다양한 방법을 활용할 수 있습니다. 예를 들어, 대기 공간에 편안한 좌석과 흥미로운 디지털 콘텐츠를 제공하거나, 대기 중 간단한 음료나 스낵을 제공하는 방식은 고객의 만족도를 높이는데 효과적입니다.

디지털 기술을 활용한 고객 경험 강화

현대 외식업에서는 디지털 기술이 고객 경험을 혁신적으로 변화시키고 있습니다. 온라인 예약 시스템, 디지털 메뉴판, 모바일 주문과 결제 시스템은 고객의 편리함을 높이는 데 기여합니다. 특히, 모바일 앱이나 웹사이트를 통해 고객이 매장을 미리 탐색하거나 메뉴를 확인할 수 있다면 고객의 기대를 충족시키는 데 큰 도움이 됩니다. 또한, 고객 데이터를 활용해 맞춤형 서비스를 제공할 수 있습니다. 예를 들어, 고객이 자주 주문하는 메뉴를 기억하거나 특별한 기념일에 맞춰 개인화된 혜택을 제공하는 것은 고객 충성도를 높이는 강력한 방법입니다.

고객 경험 중심 서비스 디자인의 성공 사례

스타벅스는 고객 경험 중심 서비스 디자인의 대표적인 성공 사례입니다. 매장에서 제공되는 따뜻한 분위기, 친절한 바리스타, 맞춤형 음료 옵션 등은 단순히 커피를 마시는 경험을 넘어서는 가치를 제공합니다. 또한, 스타벅스 리워드 프로그램은 디지털 기술을 활용하여 고객의 충성도를 높이고, 지속적으로 브랜드와의 연결을 유지할 수 있도록 설계되었습니다.

또 다른 예로는 일본의 이자카야 브랜드가 있습니다. 이 브랜드는 대기 시간을 활용하여 고객에게 무료 안주를 제공하거나, 매장 내에서 간단한 게임이나 이벤트를 통해 고객과 상호작용을 강화했습니다. 이러한 방식은 고객이 기다리는 동안 지루함을 느끼지 않게 하고, 브랜드에 대한 긍정적인 기억을 남겼습니다.

지속 가능한 고객 경험 설계

고객 경험 중심의 서비스 디자인은 단기적인 만족을 넘어 지속 가능한 관계를 구축하는 것을 목표로 합니다. 고객 피드백을 지속적으로 수집하고, 이를 기반으로 서비스를 개선하며, 변화하는 고객의 니즈와 시장 트렌드에 적응해야 합니다. 이를 통해 브랜드는 고객과의 신뢰를 구축하고, 장기적인 충성도를 확보할 수 있습니다.

결론적으로, 고객 경험 중심의 서비스 디자인은 외식업의 성공에 있어 필수적인 요소입니다. 이는 단순히 음식을 제공하는 것을 넘어, 브랜드와 고객 간의 감정적 연결을 강화하고, 브랜드에 대한 긍정적인 기억을 남기는 과정을 포함합니다. 외식업 프로듀서는 고객 경험을 최우선으로 생각하며, 이를 기반으로 브랜드를 설계하고 운영해야 합니다. 고객에게 특별하고 기억에 남는 경험을 제공하는 것이야말로 성공적인 외식 브랜드의 핵심입니다.

외식업 시장의 변화와 트렌드

03

CHAPTER

7. 고객이 외식업에 기대하는 새로운 가치

음식점을 방문하는 고객들은 맛과 품질은 물론이고, 그 이상의 가치를 외식 경험에서 찾고 있습니다. 현대 소비자들은 외식업체가 단순히 식사를 제공하는 곳이 아니라, 자신들의 라이프스타일을 반영하고, 개인적인 가치를 충족시킬 수 있는 공간과 서비스를 제공하기를 기대합니다. 고객이 외식업에서 기대하는 새로운 가치는 크게 경험, 윤리적 가치, 편리성, 그리고 개인화라는 네 가지 요소로 나뉩니다.

경험 중심의 소비

고객들은 단순히 배고픔을 해결하기 위해 외식하지 않습니다. 그들은 독특하고 기억에 남는 경험을 찾습니다. 이러한 트렌드는 특히 밀레니얼 세대와 Z세대 소비자들 사이에서 두드러집니다. 예를 들어, 특색 있는 인테리어나 독창적인 메뉴 프레젠테이션, 이색적인 이벤트는 고객이 외식 경험을 더 가치 있게 느끼게 합니다.

성공적인 사례로는 뉴욕의 '캣스 델리(Katz's Delicatessen)'를 들 수 있습니다. 이곳은 단순히 샌드위치를 판매하는 곳이 아니라, 뉴욕의 문화와 역사를 경험할 수 있는 공간으로 고객들에게 특별한 가치를 제공합니다. 고객은 이곳에서 음식을 먹는 것뿐만 아니라, 해당 공간에서 느껴지는 스토리와 정체성을 소비하게 됩니다.

윤리적 가치와 지속 가능성

오늘날의 소비자들은 자신이 소비하는 제품과 서비스가 사회와 환경에 미치는 영향을 고려합니다. 이는 외식업체에 큰 도전과 기회를 동시에 제공합니다. 고객들은 공정무역 재료 사용, 지역 농산물 활용, 플라스틱 사용 감소 등의 노력을 통해 외식업체가 지속 가능한 발전에 기여하기를 기대합니다.

스타벅스는 윤리적 가치와 지속 가능성을 고려한 사례로 잘 알려져 있습니다. 스타벅스는 공정무역 커피를 제공하고, 환경보호를 위한 리유저블 컵 사용 캠페인을 진행하며, 지속 가능한 외식업 모델을 만들어가고 있습니다. 이러한 접근은 브랜드에 대한 고객의 신뢰와 충성도를 높이는 데 크게 기여했습니다.

편리성과 효율성

현대 소비자들은 바쁜 일상 속에서 시간과 노력을 절약할 수 있는 서비스를 선호합니다. 외식업에서 편리성은 음식 주문과 결제 과정, 배달 및 픽업 시스템, 대기 시간 단축 등에서 나타납니다. 모바일 주문 시스템, 키오스크, 그리고 빠른 배달 서비스는 고객들에게 편리함을 제공합니다.

예를 들어, 파네라 브레드(Panera Bread)는 'Rapid Pick-Up' 서비스를 도입해 고객들이 미리 온라인으로 주문한 음식을 매장에서 기다림 없이 바로 픽업할 수 있도록 했습니다. 이러한 서비스는 고객 만족도를 높이고, 반복적인 구매를 유도하는 중요한 요인이 되었습니다.

개인화된 경험

고객들은 자신만을 위한 특별한 경험을 원합니다. 이는 메뉴의 맞춤화, 개별적인 서비스, 고객 선호도를 반영한 마케팅에서 드러납니다. 데이터 분석 기술과 AI를 활용해 고객의 선호도를 파악하고, 이를 서비스와 메뉴에 반영하는 것은 외식업의 새로운 트렌드로 자리 잡고 있습니다.

넷플릭스와 같은 스트리밍 서비스가 개인화된 추천 시스템으로 성공을 거두었듯이, 외식업체도 고객 데이터를 활용해 맞춤형 메뉴와 서비스를 제공하고 있습니다. 예를 들어, 일본의 스시 체인 '스시로'는 고객 데이터를 분석해 특정 지역과 시간대에 선호되는 메뉴를 제공함으로써 매출을 극대화했습니다.

결국, 외식업에서 고객이 기대하는 가치는 끊임없이 진화하고 있습니다. 오늘날 고객들은 단순한 음식 제공 이상의 것을 기대하며, 경험, 윤리적 가치, 편리성, 그리고 개인화를 통해 그들의 기대를 충족시키고자 하는 브랜드에 더 많은 관심과 충성도를 보입니다. 외식업 프로듀서로서 이러한 새로운 가치를 이해하고, 이를 외식 브랜드에 통합하는 것은 성공의 필수 요소가 될 것입니다.

8. 외식업 트렌드 로컬화, 개인화, 디지털화에 대한 분석

외식업은 고객의 변화하는 니즈와 기술 발전에 따라 빠르게 진화하고 있습니다. 오늘날의 외식업은 단순히 맛있는 음식을 제공하는 것을 넘어 고객의 다양한 요구를 충족시키는 경험을 창출하는 방향으로 발전하고 있습니다. 이러한 변화의 중심에는 로컬화, 개인화, 디지털화라는 세 가지 주요 트렌드가 자리 잡고 있습니다. 이 세 가지 트렌드는 고객의 요구를 이해하고, 외식 브랜드가 성공적으로 성장하는 데 필수적인 전략적 요소로 작용하고 있습니다.

로컬화, 지역성을 강조하는 외식업

로컬화는 외식업에서 지역의 특색을 반영하여 고객에게 더욱 친근하고 차별화된 경험을 제공하는 전략입니다. 지역 농산물을 활용하거나, 지역 문화를 음식에 접목시키는 방식으로 이루어집니다. 이는 고객에게 신뢰감을 주고, 브랜드의 독창성을 강화하는 데 기여합니다.

예를 들어, 한국의 한식당들이 각 지역의 전통 음식을 메뉴에 포함하거나, 지역 특산물을 활용해 독창적인 메뉴를 개발하는 사례를 들 수 있습니다. 이러한 접근은 고객에게 단순한 식사를 넘어 문화적 경험을 제공합니다. 특히, 지역 주민뿐 아니라 여행객들에게도 매력적으로 다가갈 수 있어, 지역 외식업의 활성화에도 기여합니다.

개인화, 고객 중심의 맞춤형 서비스

개인화는 고객의 취향, 선호도, 라이프스타일을 반영하여 맞춤형 서비스를 제공하는 것을 의미합니다. 이는 메뉴 선택, 음식 준비 방식, 고객 응대 등에서 나타날 수 있습니다. 개인화는 고객에게 특별한 가치를 제공하며, 브랜드에 대한 충성도를 높이는 효과가 있습니다.

스타벅스는 개인화의 대표적인 성공 사례입니다. 고객의 이름을 음료 컵에 적는 작은 행동부터, 고객 데이터 분석을 통해 선호 음료를 제안하는 시스템까지, 개인화를 통해 고객과의 관계를 강화했습니다. 이러한 접근은 고객이 브랜드를 단순히 소비하는 것이 아니라, 브랜드와의 개인적인 연결을 느끼도록 만듭니다.

디지털화, 기술을 활용한 혁신

디지털화는 외식업의 전반적인 운영 방식과 고객 경험을 혁신하는 데 중요한 역할을 하고 있습니다. 온라인 주문 및 결제, 모바일 앱, 디지털 키오스크, 데이터 기반 마케팅은 디지털화의 대표적인 예입니다. 이를 통해 고객은 더 편리하게 서비스를 이용할 수 있으며, 브랜드는 운영 효율성을 높이고 고객 데이터를 활용해 더 나은 서비스를 제공할 수 있습니다.

예를 들어, 맥도날드는 디지털 키오스크와 모바일 주문 앱을 통해 고객이 메뉴를 빠르게 선택하고, 대기 시간을 줄일 수 있도록 했습니다. 또한, 고객 데이터를 기반으로 맞춤형 프로모션을 제공해 매출을 증대시키는 데 성공했습니다. 이러한 디지털화는 고객 경험을 향상시키고, 외식업체가 변화하는 시장에 민첩하게 대응할 수 있도록 돕습니다.

세 가지 트렌드의 융합

로컬화, 개인화, 디지털화는 각각 독립적으로 작용하기도 하지만, 이들이 융합될 때 외식업 브랜드는 더욱 강력한 경쟁력을 갖출 수 있습니다. 예를 들어, 로컬 특산물을 활용한 맞춤형 메뉴를 디지털 플랫폼을 통해 홍보하고 판매하는 전략은 고객에게 차별화된 경험을 제공합니다. 이는 고객과의 정서적 연결을 강화하고, 브랜드 충성도를 높이는 데 효과적입니다.

결론적으로 로컬화, 개인화, 디지털화는 현대 외식업의 핵심 트렌드로, 고객의 기대에 부응하고 경쟁력을 확보하는 데 중요한 역할을 합니다. 외식업 프로듀서로서 이러한 트렌드를 이해하고, 적절히 활용하는 것은 브랜드의 성공과 지속 가능성을 보장하는 중요한 요소가 될 것입니다.

9. 미래 외식업 시장을 선도하는 브랜드 전략

미래 외식업 시장에서 성공하기 위해서는 변화하는 고객 니즈와 시장 환경에 발 빠르게 대응하는 전략이 필요합니다. 브랜드 전략은 외식업체가 차별화된 정체성을 구축하고, 지속 가능한 성장을 이루는 데 핵심적인 역할을 합니다. 미래를 선도하는 외식 브랜드는 혁신적인 전략을 바탕으로 고객의 마음을 사로잡고, 신뢰와 만족도를 높이는 데 중점을 둡니다.

지속 가능성과 환경을 고려한 브랜드 전략

환경 문제가 글로벌 이슈로 부각되면서 지속 가능성은 외식업에서 중요한 화두가 되고 있습니다. 고객들은 이제 단순히 맛있는 음식을 넘어, 환경과 사회적 책임을 고려한 브랜드를 선호합니다.

외식업 브랜드는 지속 가능성을 고려한 메뉴와 서비스를 통해 고객의 신뢰를 얻을 수 있습니다. 예를 들어, 플라스틱 포장 대신 친환경 포장을 도입하거나, 지역 농산물을 활용한 메뉴를 개발하는 방식으로 지속 가능성을 실현할 수 있습니다. 이는 브랜드에 긍정적인 이미지를 더하고, 장기적으로 고객 충성도를 높이는 데 기여합니다.

기술 혁신을 활용한 디지털 전략

디지털 기술은 미래 외식업에서 빼놓을 수 없는 요소입니다. 온라인 주문 시스템, 데이터 기반 마케팅, 인공지능(AI) 기술은 외식업의 운영과 고객 경험을 혁신적으로 변화시키고 있습니다.

데이터 분석을 활용해 고객의 선호도를 파악하고, 개인화된 메뉴 추천과 맞춤형 프로모션을 제공할 수 있습니다. 또한, 로봇을 이용한 조리와 서빙, 모바일 앱을 통한 간편 결제 등은 고객의 편의성을 극대화하는 동시에 운영 효율성을 높이는 데 기여합니다.

특히, AI 기술은 고객의 리뷰를 분석하여 브랜드 이미지 개선에 활용하거나, 매출 예측 모델을 통해 재고 관리를 최적화하는 데 유용하게 쓰이고 있습니다.

로컬 특색과 글로벌 트렌드의 융합

미래 외식 브랜드는 로컬 특색과 글로벌 트렌드를 조화롭게 결합해 경쟁력을 확보해야 합니다. 지역의 고유한 맛과 문화를 강조하는 한편, 세계적으로 인기 있는 트렌드를 반영한 메뉴와 서비스를 제공하는 것이 중요합니다.

예를 들어, 한국의 전통적인 한식을 현대적으로 재해석하여 세계 시장에 진출한 사례들이 있습니다. 이러한 전략은 로컬 고객과 글로벌 고객 모두에게 매력적으로 다가갈 수 있는 강점을 제공합니다.

또한, 메뉴와 매장 디자인에 로컬 정체성을 강조하면서도, 글로벌 기준에 부합하는 품질과 서비스를 유지한다면 지속 가능한 성장을 도모할 수 있습니다.

고객 중심의 경험 디자인

고객 경험은 미래 외식업 브랜드 성공의 핵심 요소입니다. 단순히 음식을 제공하는 것에서 벗어나, 고객이 브랜드와 상호작용하는 모든 순간을 설계하는 것이 중요합니다.

매장의 분위기, 직원의 응대, 디지털 플랫폼을 통한 주문과 결제 과정까지 모든 접점에서 긍정적인 경험을 제공해야 합니다. 특히, 대기 시간을 효과적으로 관리하거나, 매장에서의 체류 시간을 즐겁게 만들어 주는 것은 고객 만족도를 크게 높이는 요소가 됩니다.

예를 들어, 매장에 디지털 미디어를 활용한 인터랙티브 디스플레이를 설치하거나, 웰컴 드링크와 같은 작은 배려를 통해 고객의 기대를 초과하는 경험을 제공할 수 있습니다.

브랜드 스토리텔링과 정체성 강화

브랜드 스토리는 고객에게 감동과 공감을 불러일으키는 강력한 도구입니다. 브랜드가 추구하는 가치와 철학을 고객에게 전달함으로써, 고객과의 정서적 연결을 강화할 수 있습니다.

예를 들어, 특정 메뉴가 탄생한 배경이나, 창업자가 외식업에 뛰어들게 된 계기 등을 진솔하게 이야기함으로써 고객은 브랜드에 대한 애착을 느낄 수 있습니다. 이는 단순히 상품과 서비스를 소비하는 것을 넘어, 브랜드의 팬으로 거듭나게 하는 중요한 역할을 합니다.

결국, 미래 외식업 시장에서 성공하기 위해서는 지속 가능성, 기술 혁신, 로컬과 글로벌의 융합, 고객 경험 디자인, 브랜드 스토리텔링이라는 다섯 가지 요소를 전략적으로 활용해야 합니다. 이러한 전략은 외식 브랜드가 빠르게 변화하는 시장 환경 속에서 경쟁력을 유지하고, 고객의 신뢰와 사랑을 얻는 데 핵심적인 역할을 할 것입니다.

PART 2

외식업 프로듀서의 실전 기법

브랜드 콘셉트 설계

04

CHAPTER

10. 브랜드 아이덴티티와 스토리텔링

브랜드 아이덴티티는 외식업에서 고객이 브랜드를 인식하고 기억하는 핵심 요소입니다. 단순히 로고와 색상 같은 시각적 요소를 넘어, 브랜드가 고객에게 전달하는 가치와 철학, 그리고 정체성 전반을 포함합니다. 성공적인 브랜드는 고객과 정서적으로 연결되며, 이는 스토리텔링을 통해 강화될 수 있습니다. 스토리텔링은 브랜드의 메시지를 생생하게 전달하며 고객의 공감을 얻는 강력한 도구입니다.

브랜드 아이덴티티 구축의 핵심

브랜드 아이덴티티는 브랜드의 정체성과 차별성을 나타냅니다. 이를 구축하기 위해 다음 세 가지 요소가 중요합니다.

첫째, 미션과 핵심 가치입니다. 브랜드가 추구하는 가치는 고객이 브랜드를 신뢰하고 선택하는 기준이 됩니다. 예를 들어, 지속 가능한 식재료를 사용하는 브랜드라면 “환경과 건강을 생각하는 맛”이라는 미션을 명확히 해야 합니다. 고객은 이러한 명확한 가치관을 통해 브랜드의 정체성을 이해하고 공감하게 됩니다.

둘째, 일관된 비주얼과 언어입니다. 로고, 색상, 글꼴, 그리고 메뉴판 디자인과 같은 모든 시각적 요소가 브랜드를 대표합니다. 고객이 한눈에 브랜드를 알아볼 수 있도록 모든 커뮤니케이션에서 일관성을 유지해야 합니다. 동일한 디자인과 메시지를 반복적으로 노출함으로써 브랜드를 기억 속에 각인시킬 수 있습니다.

셋째, 브랜드의 톤 앤 매너입니다. 고객과 소통하는 방식, 즉 브랜드가 사용하는 언어의 톤과 태도가 브랜드 정체성을 형성합니다. 고급 레스토랑은 우아하고 전문적인 언어를 사용할 수 있고, 캐주얼 다이닝 브랜드는 유쾌하고 친근한 어조를 선택할 수 있습니다. 이는 브랜드가 어떤 가치를 추구하고, 고객에게 어떤 이미지를 전달하고자 하는지를 직접적으로 드러냅니다.

스토리텔링의 중요성과 활용

스토리텔링은 브랜드가 고객과 감정적으로 연결되는 강력한 방법입니다. 단순한 정보 전달에서 벗어나, 브랜드의 철학과 가치, 창업자의 열정을 고객에게 생생하게 전달할 수 있습니다. 이는 고객이 브랜드와 깊이 연결되도록 도와줍니다.

브랜드 스토리텔링의 첫 번째 단계는 브랜드의 기원 이야기입니다. 예를 들어, 창업자가 특정 음식을 개발하게 된 계기나 매장을 열게 된 이유를 고객과 공유할 수 있습니다. 이는 브랜드에 인간적인 매력을 더하고, 고객이 브랜드를 개인적으로 느끼도록 만듭니다. 창업자의 도전과 성공 이야기는 브랜드의 철학과 맞물려 브랜드의 이미지를 강화할 수 있는 강력한 수단이 됩니다.

두 번째로, 고객과의 성공 경험을 이야기로 풀어낼 수 있습니다. "이 음식 덕분에 특별한 날을 더 행복하게 보냈다"는 고객의 리뷰나 에피소드를 스토리로 만들어 브랜드 가치를 강화할 수 있습니다. 이러한 이야기들은 브랜드가 단순히 음식을 제공하는 것이 아니라, 고객의 삶에 가치를 더하는 경험을 제공한다는 메시지를 전달합니다.

세 번째는 미래를 향한 비전을 공유하는 것입니다. 브랜드가 어떤 방향으로 나아가고 있는지, 고객과 함께 이루고 싶은 목표가 무엇인지 전달하면 고객의 충성도를 높이는 데 기여할 수 있습니다. 지속 가능한 발전, 지역 사회와의 협력, 새로운 경험 창출 등을 통해 브랜드의 비전은 고객에게 감동을 줄 수 있습니다.

브랜드 아이덴티티와 스토리텔링의 성공 사례

브랜드 아이덴티티와 스토리텔링의 성공 사례로 스타벅스를 들 수 있습니다. 스타벅스는 단순히 커피를 판매하는 것을 넘어 "제3의 공간"이라는 메시지를 고객에게 전달합니다. 고객이 매장에서 느낄 수 있는 여유와 편안함이 브랜드 정체성과 스토리에 녹아 있습니다. 또한, 원두 생산자의 이야기를 브랜드 철학과 연결하여 고객에게 감동을 주고, 브랜드에 대한 신뢰를 강화합니다.

또 다른 예로, 일본의 이치란 라멘은 "단독 좌석"이라는 독특한 콘셉트를 통해 고객의 혼밥 경험을 긍정적으로 변환시켰습니다. 이치란은 고객의 프라이버시를 중시하는 철학을 스토리로 발전시켜, 단순히 라멘을 먹는 것을 넘어 새로운 식사 문화를 제안하는 브랜드로 자리 잡았습니다.

브랜드 스토리텔링과 아이덴티티를 강화하는 방법

브랜드 아이덴티티와 스토리텔링을 강화하기 위해 다음 세 가지를 고려해야 합니다.

첫째, 고객 참여를 유도합니다. 브랜드 스토리를 고객이 직접 경험하고 공유할 수 있도록 소셜 미디어 캠페인을 활용하세요. 고객이 자신의 이야기를 브랜드와 연결하여 공유하도록 독려하면 브랜드의 신뢰도와 도달 범위가 확장됩니다. 예를 들어, "우리 매장에서 가장 기억에 남는 순간은?"과 같은 캠페인은 고객의 참여를 높이고, 브랜드와의 정서적 유대를 강화할 수 있습니다.

둘째, 스토리를 시각화합니다. 브랜드의 스토리를 텍스트로만 전달하지 말고, 영상, 사진, 일러스트 등을 활용해 시각적으로 표현하세요. 고객은 감각적인 요소를 통해 더 깊은 인상을 받습니다. 예를 들어, 요리 과정을 보여주는 짧은 동영상이나 브랜드의 성장 과정을 담은 다큐멘터리는 고객에게 브랜드를 더 가깝게 느끼게 합니다.

셋째, 스토리를 지속적으로 업데이트합니다. 브랜드의 성장과 변화 과정을 고객과 공유하세요. 새로운 메뉴 개발 과정, 환경을 위한 노력, 지역 사회와의 협력 사례 등을 통해 브랜드가 계속 진화하고 있음을 보여줄 수 있습니다. 이는 브랜드의 현재와 미래를 연결하여 고객이 브랜드와 함께 성장하고 있다는 느낌을 받을 수 있게 합니다.

결국, 브랜드 아이덴티티와 스토리텔링은 외식업 프로듀서가 반드시 마스터해야 할 요소입니다. 고객과 브랜드 간의 감정적인 연결을 강화하고, 브랜드에 대한 충성도를 높이는 데 중요한 역할을 합니다. 정체성을 명확히 하고, 고객이 브랜드의 스토리를 공감할 수 있도록 전달한다면, 브랜드는 단순한 음식점이 아니라 하나의 경험으로 자리 잡게 될 것입니다. 이러한 과정은 외식업 시장에서의 지속 가능한 성공과 브랜드 충성도를 확보하는 핵심 열쇠가 될 것입니다.

11. 브랜드 슬로건과 로고 설계

브랜드 슬로건과 로고는 외식 브랜드를 고객에게 소개하는 첫 번째 수단입니다. 고객은 브랜드를 접하는 순간, 시각적 또는 언어적 단서를 통해 브랜드의 정체성을 파악하게 됩니다. 이때 슬로건은 브랜드의 메시지를 응축하여 전달하는 문구로, 로고는 브랜드의 시각적 정체성을 표현하는 디자인 요소로 작용합니다. 이러한 두 요소가 조화를 이루면 고객의 기억 속에 브랜드를 명확히 각인시킬 수 있습니다. 브랜드의 핵심 가치를 효과적으로 전달하기 위해 슬로건과 로고는 전략적으로 설계되어야 합니다.

브랜드 슬로건 설계의 핵심 원칙

슬로건은 브랜드의 정체성과 가치를 함축적으로 나타내는 문구입니다. 설계 시에는 간결함, 독창성, 그리고 고객과의 정서적 연결을 고려해야 합니다.

먼저, 슬로건은 브랜드의 차별성을 부각해야 합니다. 경쟁이 치열한 외식업 시장에서 브랜드가 돋보이려면, 슬로건이 브랜드만의 독특한 특성을 전달해야 합니다. 예를 들어, '당일 자가제면하여 한정판매하는 칼국수'라는 슬로건은 고객에게 신선도와 한정성을 강조하며, 브랜드의 차별화를 명확히 합니다.

다음으로, 감성적인 메시지가 담겨야 합니다. 고객은 브랜드를 단순히 물리적인 공간이 아니라, 정서적 경험을 제공하는 장소로 인식합니다. 예를 들어, '하루의 쉼표, 당신의 행복을 채우는 공간'이라는 슬로건은 단순한 음식을 넘어, 고객의 일상에 긍정적인 영향을 미친다는 이미지를 전달합니다.

마지막으로, 기억에 남는 표현이 중요합니다. 리듬감 있는 문구나 반복적인 구조를 활용하면, 슬로건이 고객의 기억 속에 더 오래 남을 수 있습니다. '맛, 멋, 정성이 가득한 한 상'처럼 간결하면서도 리드미컬한 표현은 고객의 인식을 강화하는 데 효과적입니다.

로고 설계의 핵심 요소

로고는 브랜드의 시각적 정체성을 결정짓는 중요한 요소로, 고객의 시선을 끌고 브랜드를 즉각적으로 알아볼 수 있게 도와줍니다. 로고 설계 시에는 단순함, 컬러 및 형태의 일관성, 확장 가능성을 고려해야 합니다.

첫째, 단순함은 로고 설계에서 가장 중요한 원칙입니다. 복잡한 디자인은 고객이 이해하고 기억하기 어렵습니다. 심플하면서도 브랜드의 핵심 메시지를 담은 로고가 효과적입니다. 예를 들어, 그릇이나 숟가락을 형상화한 심플한 아이콘은 외식업 브랜드의 본질을 명료하게 표현합니다.

둘째, 컬러와 형태는 브랜드의 이미지를 형성하는 데 중요한 역할을 합니다. 따뜻한 색조는 고객에게 친근감을 줄 수 있으며, 세련된 금색이나 검정색은 고급스러운 이미지를 연출할 수 있습니다. 로고의 형태 또한 명확하고 조화롭게 구성되어야 하며, 브랜드의 핵심 메시지와 일치해야 합니다.

셋째, 로고는 다양한 매체에서 활용 가능해야 합니다. 간판, 메뉴판, 포장지, 디지털 플랫폼 등 다양한 접점에서 선명하게 보이고, 브랜드의 일관성을 유지할 수 있도록 설계되어야 합니다. 이는 브랜드 인지도를 높이고, 통합적인 고객 경험을 제공하는 데 기여합니다.

브랜드 슬로건과 로고의 조화

브랜드 슬로건과 로고는 각각의 역할을 넘어서, 함께 사용될 때 시너지 효과를 발휘합니다. 슬로건이 브랜드의 핵심 메시지를 언어적으로 전달한다면, 로고는 이를 시각적으로 보강하여 고객에게 통합된 인상을 제공합니다.

예를 들어, '바다의 신선함을 담다'라는 슬로건을 사용하는 포항홍게칼국수가 홍게의 형상을 활용한 로고를 채택한다면, 고객은 브랜드가 제공하는 신선하고 특별한 해산물의 이미지를 명확히 인식할 수 있습니다. 이러한 조화는 브랜드가 고객과 정서적으로 연결되도록 돕고, 포항홍게칼국수의 정체성을 강화하는 데 기여합니다.

슬로건은 포항 바다의 신선함과 건강함을, 로고는 홍게와 바다의 상징성을 시각적으로 표현하여, 두 요소가 함께 고객에게 강렬하고 지속적인 인상을 심어줄 수 있습니다. 결과적으로 이러한 조화는 브랜드의 친근한 이미지와 독창성을 더욱 돋보이게 만듭니다.

성공적인 슬로건과 로고 사례

스타벅스는 슬로건 'To inspire and nurture the human spirit – one person, one cup, and one neighborhood at a time'을 통해 단순히 커피를 판매하는 것이 아니라, 고객의 일상에 영감을 주고 지역 사회와 연결된다는 메시지를 전달합니다. 스타벅스 로고의 상징적인 인어 이미지는 이러한 메시지를 시각적으로 강화하며, 글로벌 브랜드로서의 위상을 공고히 했습니다.

일본의 외식 브랜드 오사카 오코노미야키는 '오사카의 맛을 그대로'라는 슬로건과 후라이팬 모양의 심플한 로고를 결합해 브랜드의 정체성을 효과적으로 전달했습니다. 이 조합은 브랜드의 전문성과 지역적 특색을 부각시켜 성공적인 사례로 평가받습니다.

브랜드 슬로건과 로고 설계의 단계

슬로건과 로고를 설계하는 과정은 다음과 같습니다.

1. **브랜드 메시지 정의:** 브랜드가 전달하고자 하는 가치를 명확히 정리합니다.

2. **경쟁사 분석:** 경쟁사의 슬로건과 로고를 조사하여 차별화 요소를 도출합니다.

3. **콘셉트 스케치:** 다양한 아이디어를 바탕으로 슬로건과 로고의 초기 시안을 작성합니다.

4. **고객 피드백 수집:** 잠재 고객으로부터 디자인에 대한 피드백을 받아 개선점을 파악합니다.

5. **최종 확정 및 활용:** 완성된 슬로건과 로고를 브랜드의 모든 접

점에 일관되게 적용합니다.

결론적으로 브랜드 슬로건과 로고는 외식 브랜드의 첫인상을 형성하고, 고객의 기억 속에 브랜드를 각인시키는 핵심 도구입니다. 슬로건은 브랜드의 메시지를 명확히 전달하며, 로고는 이를 시각적으로 강화합니다. 두 요소의 전략적 설계와 조화를 통해 외식업 브랜드는 고객과 정서적으로 연결되고, 차별화된 정체성을 확립할 수 있습니다. 이는 브랜드의 장기적인 성공과 성장을 이끄는 중요한 기초가 될 것입니다.

12. 고객에게 선택받는 콘셉트 개발 방법

외식업 브랜드의 성공 여부는 고객의 요구를 얼마나 정확히 이해하고 이를 충족시키는 콘셉트를 개발하느냐에 달려 있습니다. 브랜드 콘셉트는 단순히 창의적이거나 독창적인 아이디어에 머무르지 않고, 고객이 실제로 필요로 하고 공감할 수 있는 요소를 반영해야 합니다. 이를 위해 철저한 조사와 분석, 그리고 실행력 있는 전략이 요구됩니다.

콘셉트 개발의 핵심 원칙

콘셉트를 개발할 때는 세 가지 핵심 원칙을 중심으로 설계해야 합니다.

첫째, 고객 중심의 사고입니다. 브랜드의 콘셉트는 브랜드의 정체성을 나타내지만, 궁극적으로는 고객의 관점에서 설계되어야 합니다. 고객의 라이프스타일, 선호도, 구매 행동을 면밀히 분석하여 이를 콘셉트에 반영하는 것이 중요합니다. 예를 들어, 건강과 웰빙에 관심이 많은 젊은 세대를 타깃으로 한다면, 저칼로리 메뉴와 자연 친화적인 매장 디자인을 중심으로 콘셉트를 개발할 수 있습니다.

둘째, 경쟁자와의 차별화입니다. 포화 상태인 외식 시장에서 고객의 선택을 받으려면 브랜드가 기존 경쟁자들과 어떻게 다른지 명확히 보여줄 수 있어야 합니다. 동일한 상권 내에서 유사한 콘셉트의 브랜드가 많다면, 독창적인 메뉴, 차별화된 서비스, 혹은 독특한 스토리텔링을 통해 브랜드만의 고유한 매력을 만들어야 합니다.

셋째, 브랜드 정체성과 일관성입니다. 콘셉트는 단순히 메뉴나 로고에만 적용되는 것이 아니라, 매장 디자인, 서비스 방식, 고객과의 소통 등 브랜드의 모든 접점에서 일관되게 표현되어야 합니다. 고객이 브랜드를 접할 때마다 동일한 메시지를 경험할 수 있어야 신뢰와 충성도를 형성할 수 있습니다.

고객에게 선택받는 콘셉트 설계 단계

성공적인 콘셉트 개발을 위해서는 체계적인 단계별 접근이 필요합니다.

첫째, 목표 고객 정의입니다. 콘셉트 개발의 첫걸음은 목표 고객을 명확히 설정하는 것입니다. 고객의 연령, 성별, 직업, 소득 수준, 라이프스타일, 그리고 외식 소비 패턴을 분석하여 구체적인 타깃 프로파일을 작성합니다. 예를 들어, 직장인을 타깃으로 한다면 점심시간에 빠르고 건강한 한 끼를 제공하는 콘셉트가 적합할 수 있습니다.

둘째, 시장 조사 및 분석입니다. 목표 고객의 요구와 기대를 이해하기 위해 시장 조사가 필수적입니다. 설문조사, 인터뷰, 포커스 그룹 등을 활용하여 고객의 선호도와 불만을 파악하고, 상권 내 경쟁 브랜드를 분석하여 차별화를 위한 기회를 찾아냅니다.

셋째, 핵심 메시지 개발입니다. 브랜드가 고객에게 전달하고자 하는 메시지를 명확히 정의합니다. 이는 브랜드의 정체성과 고객이 브랜드를 통해 얻고자 하는 가치를 함축적으로 나타내는 요소입니다. 예를 들어, "한 끼의 건강을 책임지는 도시락"이라는 메시지는 간결하면서도 브랜드의 목적을 효과적으로 전달합니다.

넷째, 콘셉트 시각화 및 테스트입니다. 콘셉트를 시각적으로 구체화하고 프로토타입을 제작합니다. 메뉴 구성, 매장 디자인, 로고 등을 포함한 시안을 준비한 뒤, 잠재 고객 그룹을 대상으로 테스트를 실시해 반응을 평가합니다. 이를 통해 콘셉트가 실제 고객에게 얼마나 매력적으로 다가가는지 확인할 수 있습니다.

다섯째, 콘셉트 확정 및 실행 계획 수립입니다. 테스트 결과를 바탕으로 콘셉트를 최종 확정하고, 이를 실행하기 위한 세부 계획을 수립합니다. 매장 운영 방식, 마케팅 전략, 고객 응대 매뉴얼 등 모든 운영 요소가 콘셉트와 일관되게 조율되어야 합니다.

성공적인 콘셉트 개발 사례

■ 일본 라멘 전문점 잇푸도(Ippudo)

잇푸도는 "모두가 즐길 수 있는 현대적이고 세련된 라멘"이라는 콘셉트를 내세워 기존의 전통적인 라멘집과 차별화했습니다. 깔끔하고 고급스러운 인테리어, 현대적인 메뉴 구성, 그리고 높은 서비스 품질은 젊은 세대와 관광객에게 큰 호응을 얻었으며, 일본을 넘어 글로벌 브랜드로 확장될 수 있는 발판이 되었습니다.

■ 미국 패스트캐주얼 브랜드 치폴레(Chipotle)

치폴레는 "신선하고 지속 가능한 재료로 만든 맞춤형 멕시칸 요리"라는 콘셉트로 패스트푸드 시장을 혁신했습니다. 고객이 재료를 직접 선택하여 맞춤형 요리를 완성할 수 있는 방식은 신선함과 개인화를 중시하는 현대 소비자에게 크게 어필했으며, 기존 패스트푸드 브랜드와 차별화된 가치를 제공합니다.

콘셉트 개발 시 주의사항

너무 복잡한 콘셉트는 피해야 합니다. 복잡한 콘셉트는 고객이 브랜드의 가치를 직관적으로 이해하기 어렵게 만듭니다. 간결하고 명확한 콘셉트가 고객의 인식과 선택을 이끌어내는 데 효과적입니다.

목표 고객과의 불일치를 경계해야 합니다. 잘못된 고객 타깃팅은 콘셉트의 실패로 이어질 수 있습니다. 콘셉트 개발 과정에서 항상 목표 고객과의 일치 여부를 검토해야 합니다.

시장 변화에 유연하게 대응해야 합니다. 콘셉트가 성공했다고 해서 시장 변화에 둔감해서는 안 됩니다. 고객의 요구와 시장 트렌드에 따라 콘셉트를 지속적으로 조정하고 개선해야 합니다.

결론적으로 고객에게 선택받는 콘셉트는 고객 중심의 사고, 경쟁자와의 차별화, 브랜드 정체성과 일관성을 바탕으로 개발됩니다. 철저한 조사와 테스트, 그리고 일관된 실행 계획을 통해 콘셉트가 현실화될 때, 브랜드는 고객의 신뢰와 충성도를 얻을 수 있습니다. 외식업 프로듀서로서 고객의 요구와 기대를 정확히 반영한 콘셉트를 설계하는 것은 브랜드 성공의 필수 조건이며, 이를 통해 장기적인 성장과 지속 가능성을 확보할 수 있습니다.

메뉴 개발과 기획

05

CHAPTER

13. 시그니처 메뉴 개발 전략

시그니처 메뉴는 브랜드의 정체성과 독창성을 가장 강력하게 표현하는 요소입니다. 고객이 브랜드를 기억하고 다시 찾게 만드는 데 핵심적인 역할을 하며, 브랜드의 차별화 전략에서도 중요한 위치를 차지합니다. 성공적인 시그니처 메뉴는 단순히 맛있거나 독특한 메뉴에 그치지 않고, 브랜드의 스토리와 가치를 담고 있어야 합니다.

시그니처 메뉴의 핵심 요소

브랜드 정체성과의 연계성이 필요합니다. 시그니처 메뉴는 브랜드의 핵심 메시지를 고객에게 전달하는 도구이므로, 브랜드의 콘셉트와 밀접하게 연결되어야 합니다. 예를 들어, '건강'을 강조하는 브랜드라면 신선한 재료와 균형 잡힌 영양 구성을 강조한 메뉴가 적합합니다.

독창성과 차별화를 갖추어야 합니다. 고객이 타 브랜드에서 경험할 수 없는 독특한 요소를 담아야 합니다. 이 독창성은 조리 방식, 재료 선택, 플레이팅, 혹은 메뉴 네이밍에서도 드러날 수 있습니다. 고객이 메뉴를 보자마자 “이것은 이 브랜드에서만 경험할 수 있다”고 느끼게 해야 합니다.

고객의 니즈를 충족하는 매력이 있어야 합니다. 시그니처 메뉴는 단순히 브랜드의 자부심이 아니라, 고객이 실제로 좋아하고 자주 찾는 메뉴여야 합니다. 이를 위해 고객의 입맛과 트렌드를 반영하는 동시에, 대중성과 브랜드 정체성의 균형을 맞추는 것이 중요합니다.

시그니처 메뉴 개발 단계

고객 및 경쟁자 분석이 필요합니다. 고객의 선호도와 시장 트렌드를 조사하여 고객이 원하는 맛과 형태를 파악합니다. 동시에, 경쟁 브랜드의 시그니처 메뉴를 분석하여 차별화 요소를 정의합니다.

메뉴 콘셉트를 정의해야 합니다. 브랜드 정체성을 고려해 시그니처 메뉴의 방향성을 설정합니다. 예를 들어, 젊은 세대를 타깃으로 한다면 트렌디한 플레이팅과 감각적인 네이밍을 강조할 수 있습니다. 전통적 감성을 원하는 고객층이라면 오래된 레시피와 지역적 특색을 반영한 메뉴가 적합합니다.

레시피 개발 및 테스트를 해야 합니다. 메뉴 아이디어를 구체화하고, 다양한 재료와 조리법을 실험합니다. 이 과정에서 맛의 균형, 시각적 매력, 조리 시간 등을 최적화해야 합니다. 초기 레시피를 소규모 고객 그룹에 테스트하여 반응을 확인하고 수정합니다.

스토리텔링을 강화해야 합니다. 시그니처 메뉴는 단순한 음식이 아니라, 브랜드의 가치를 전달하는 매개체입니다. 메뉴의 유래, 개발 과정, 혹은 사용된 재료에 대한 이야기를 담아 고객이 메뉴와 브랜드에 감정적으로 연결되도록 해야 합니다.

시각적 매력을 극대화해야 합니다. 플레이팅과 비주얼 스타일링은 시그니처 메뉴를 차별화하는 중요한 요소입니다. 메뉴가 매장에서 제공될 때와 SNS에서 공유될 때 모두 시각적으로 매력적이어야 합니다. 이는 브랜드의 인지도를 높이고 홍보 효과를 극대화합니다.

운영의 최적화 및 표준화가 필요합니다. 시그니처 메뉴가 매장에서 일관되게 제공될 수 있도록 조리법을 표준화하고, 운영 효율성을 고려해 조리 프로세스를 간소화합니다. 또한, 재료의 안정적인 공급과 비용 관리를 위한 시스템을 구축해야 합니다.

성공적인 시그니처 메뉴 사례

Shake Shack의 'ShackBurger'는 간단한 재료로 고품질의 맛을 구현하며, 고객이 브랜드의 철학인 신선함과 간결함을 느낄 수 있도록 디자인되었습니다. 특별히 조제된 소스와 고급 빵은 다른 브랜드와의 차별화를 만들어냈습니다.

일본의 츠지한(つじ半)은 카이센동에 도미회와, 도미육수를 더해서 시그니처 메뉴로 설정하여 고급스러운 이미지를 성공적으로 구축했습니다. 한정된 메뉴 구성과 특별한 플레이팅은 고객들에게 독창적인 경험을 제공합니다.

시그니처 메뉴 개발 시 주의사항

너무 많은 요소를 시도하지 말아야 합니다. 시그니처 메뉴는 간결하면서도 강렬해야 합니다. 지나치게 복잡한 재료와 조리법은 운영의 비효율성을 초래할 수 있으며, 고객이 메뉴의 본질을 이해하기 어렵게 만듭니다.

시장성 없는 독창성은 피해야 합니다. 지나치게 독특한 메뉴는 고객의 공감을 얻지 못할 위험이 있습니다. 독창성은 고객이 쉽게 접근할 수 있는 범위 내에서 발휘되어야 합니다.

테스트 과정을 소홀히 하지 말아야 합니다. 고객의 반응을 충분히 반영하지 않은 메뉴는 성공 가능성이 낮습니다. 초기 테스트 단계에서 다양한 피드백을 수집하고 이를 기반으로 메뉴를 개선해야 합니다.

결론적으로 시그니처 메뉴는 브랜드의 얼굴이자 고객과 브랜드를 연결하는 중요한 고리입니다. 성공적인 시그니처 메뉴는 브랜드의 정체성을 명확히 전달하며, 고객의 기억 속에 오래 남을 수 있는 요소를 갖추고 있어야 합니다. 이를 위해 철저한 조사와 테스트, 독창성과 실용성의 균형 잡힌 개발 과정이 필요합니다. 외식업 프로듀서로서 시그니처 메뉴를 성공적으로 개발하는 것은 브랜드의 장기적 성장을 이끄는 필수 전략입니다.

14. 메뉴 구성과 원가율 최적화

메뉴 구성과 원가율 최적화

메뉴 구성과 원가율 최적화는 외식 브랜드의 수익성을 결정짓는 중요한 요소입니다. 성공적인 메뉴 구성은 고객의 선택을 쉽게 만들고, 매출을 극대화하며, 효율적인 운영을 가능하게 합니다. 동시에, 원가율 최적화는 브랜드가 안정적으로 이익을 창출할 수 있도록 돕습니다. 이 두 가지는 브랜드의 경쟁력을 강화하고 지속 가능한 운영을 위한 핵심 전략입니다.

메뉴 구성의 핵심 원칙

고객 중심의 메뉴 구성이 필요합니다. 고객의 선호도를 반영한 메뉴는 선택 과정을 단순화하고, 주문 전환율을 높입니다. 이를 위해 다양한 고객 세그먼트를 고려하여 메뉴를 구성해야 합니다. 예를 들어, 건강을 중시하는 고객과 가성비를 중시하는 고객 모두를 만족시킬 수 있는 메뉴를 제공하는 것이 중요합니다.

핵심 메뉴와 보조 메뉴의 균형을 유지해야 합니다. 시그니처 메뉴와 인기 메뉴는 브랜드의 대표적인 이미지와 매출의 주된 원천이 됩니다. 이와 함께 보조 메뉴는 고객의 선택을 다양화하고, 추가 매출을 창출하는 역할을 합니다. 메뉴 간의 역할과 조화를 고려하여 구성해야 합니다.

심리학을 활용한 메뉴 배치가 효과적입니다. 메뉴판 디자인에서 고객의 시선을 끌기 위해, 시그니처 메뉴와 고수익 메뉴를 메뉴판의 주목받는 위치에 배치합니다. 또한, 심플하고 직관적인 메뉴 설명과 시각적 요소는 고객의 선택을 용이하게 만듭니다.

원가율 최적화의 주요 전략

재료를 표준화하고 효율적으로 사용해야 합니다. 재료를 표준화하면 낭비를 줄이고 원가를 안정적으로 관리할 수 있습니다. 예를 들어, 동일한 재료를 여러 메뉴에 활용하면 재료 관리가 용이해지고, 대량 구매를 통해 원가를 절감할 수 있습니다.

원가율에 따라 메뉴를 카테고리화 해야 합니다. 메뉴를 원가율에 따라 카테고리화하여 고수익 메뉴와 저수익 메뉴를 명확히 구분합니다. 고수익 메뉴는 프로모션을 통해 판매를 촉진하고, 저수익 메뉴는 전략적으로 조정하거나 삭제합니다. 이를 통해 전체 원가율을 최적화할 수 있습니다.

조리 공정을 단순화해야 합니다. 조리 과정을 단순화하면 인건비를 줄이고 효율성을 높일 수 있습니다. 이는 고객에게 빠르고 안정적인 품질의 음식을 제공하는 데도 기여합니다. 복잡한 조리 과정을 단순화하거나, 미리 준비된 재료를 활용하는 방법을 고려해야 합니다.

재고 관리 시스템을 도입해야 합니다. 재고 관리를 체계적으로 수행하면 재료의 과잉 또는 부족을 방지할 수 있습니다. 이를 통해 재고 손실을 최소화하고, 신선한 재료를 안정적으로 공급할 수 있습니다. POS 시스템과 연계하여 재고 데이터를 실시간으로 모니터링하는 것이 효과적입니다.

메뉴 구성과 원가율 최적화의 성공 사례

스타벅스는 기본 메뉴와 시즌 한정 메뉴를 균형 있게 배치하여 고객의 반복 방문을 유도합니다. 동시에, 동일한 음료에 다양한 옵션을 제공하여 평균 구매 단가를 높이고, 고수익을 창출합니다.

이자카야 전문점에서는 다양한 요리에 동일한 재료를 활용하여 재료 낭비를 최소화하고, 조리 효율성을 극대화합니다. 예를 들어, 한 가지 해산물을 활용한 다양한 요리를 제공함으로써 원가를 효과적으로 관리합니다.

실전 적용을 위한 팁

데이터 기반의 의사결정을 해야 합니다. POS 데이터를 분석하여 메뉴별 판매량, 매출, 원가율을 파악합니다. 이를 통해 고수익 메뉴를 강화하고, 판매 부진 메뉴를 조정하는 전략을 수립할 수 있습니다.

메뉴 리뉴얼 주기를 설정해야 합니다. 정기적으로 메뉴를 검토하고, 고객 피드백과 시장 트렌드를 반영하여 메뉴를 개선합니다. 이를 통해 브랜드 신선도를 유지하고, 고객의 관심을 지속적으로 끌 수 있습니다.

고객의 심리적 가격 포인트를 이해해야 합니다. 고객이 지불 의사가 있는 가격대를 이해하고, 메뉴 가격을 설정합니다. 심리적 가격대를 벗어난 메뉴는 수요를 떨어뜨릴 수 있으므로, 적절한 가격 책정이 필요합니다.

결론적으로 메뉴 구성과 원가율 최적화는 단순히 매출을 올리는 도구가 아니라, 브랜드의 지속 가능성을 위한 필수 전략입니다. 고객 중심의 메뉴 구성과 철저한 원가 관리가 결합될 때, 외식 브랜드는 높은 수익성과 고객 만족도를 동시에 달성할 수 있습니다. 외식업 프로듀서로서 이러한 요소를 체계적으로 관리하면 브랜드의 장기적인 성공 기반을 마련할 수 있습니다.

15. 메뉴 네이밍과 비주얼 스타일링

메뉴 네이밍과 비주얼 스타일링은 외식 브랜드의 정체성을 나타내고 고객의 첫인상을 결정짓는 중요한 요소입니다. 적절한 메뉴 이름과 시각적인 표현은 고객의 구매 의사를 자극하고 브랜드에 대한 신뢰를 형성합니다. 이는 단순한 메뉴 소개를 넘어 브랜드의 감성을 전달하는 강력한 마케팅 도구로 작용합니다.

메뉴 네이밍의 핵심 전략

브랜드 스토리를 반영하는 네이밍이 중요합니다. 메뉴 이름은 단순히 음식을 설명하는 것을 넘어 브랜드의 철학과 가치를 담아야 합니다. 예를 들어, 지역적 정체성을 강조한 이름이나 독창적인 단어를 사용하여 고객의 관심을 끌 수 있습니다.

기억에 남는 이름을 만들어야 합니다. 짧고 간결하면서도 독창적인 이름은 고객이 쉽게 기억하고 친구에게 추천하기 좋습니다. 예를 들어, "불타는 치즈 라바 피자"와 같이 시각적 이미지를 떠올리게 하는 이름은 효과적입니다.

고객의 감정을 자극하는 이름을 고려합니다. '따뜻한', '매콤한', '크리미한'과 같은 감각적인 형용사를 포함하면 고객이 메뉴에 대해 기대감을 갖게 만듭니다. 이는 고객의 구매 의사결정을 돕는 역할을 합니다.

비주얼 스타일링의 핵심 전략

고객의 시각적 기대를 충족시키는 스타일링이 필요합니다. 메뉴의 사진이나 일러스트는 음식의 매력을 극대화하는 도구입니다. 시각적인 표현은 고객이 메뉴를 선택하는 데 큰 영향을 미칩니다. 조명을 활용해 음식의 질감을 돋보이게 하고, 음식의 색감과 조화를 이루는 배경을 선택하는 것이 중요합니다.

브랜드 색상과 디자인 통일성을 유지해야 합니다. 메뉴 디자인은 브랜드의 전체적인 비주얼 아이덴티티와 일관성을 유지해야 합니다. 브랜드의 주요 색상을 사용하고, 로고나 아이콘을 적절히 배치하면 고객에게 신뢰를 줄 수 있습니다.

고객이 원하는 정보를 명확히 전달해야 합니다. 메뉴 이름, 가격, 주요 재료 등 필수적인 정보를 명확히 전달해야 합니다. 글씨 크기와 배치를 고려하여 고객이 쉽게 읽고 이해할 수 있도록 구성합니다.

식욕을 자극하는 구도와 스타일링이 필요합니다. 메뉴 사진은 음식의 풍미와 신선함을 강조해야 합니다. 예를 들어, 스테이크의 경우 육즙이 흐르는 모습을 포착하거나, 디저트의 경우 부드러운 질감을 보여주는 사진이 효과적입니다.

메뉴 네이밍과 스타일링 성공 사례

쉐이크쉑은 메뉴 네이밍에서 독특한 단어와 유머를 사용하여 젊은 고객층의 관심을 끌었습니다. 예를 들어, 'ShackBurger'는 브랜드 이름과 연결되면서도 직관적으로 메뉴를 설명합니다.

블루보틀 커피는 단순하면서도 세련된 비주얼 스타일링을 통해 브랜드 이미지를 강화했습니다. 메뉴판의 간결한 디자인과 함께, 커피 사진은 브랜드의 고급스러움을 강조하는 데 기여했습니다.

일본의 한 초밥 전문점은 메뉴 이름에 지역의 유명 명소를 포함시켜 지역 고객과 관광객 모두의 관심을 끌었습니다. 이를 통해 단순한 음식 판매를 넘어 브랜드와 지역의 연관성을 강화했습니다.

실전 적용 팁

테스트를 통한 피드백 수집을 해야 합니다. 새로운 메뉴 이름과 비주얼 스타일링을 테스트하고 고객의 반응을 분석합니다. 이를 바탕으로 개선 사항을 도출하여 최적의 결과를 도출합니다.

다양한 디지털 플랫폼에 적합한 스타일링을 적용해야 합니다. SNS와 앱 등 다양한 채널에서 메뉴의 시각적 표현이 고객의 관심을 끌 수 있도록 각각의 플랫폼에 맞는 스타일을 적용해야 합니다.

계절성과 테마를 반영한 디자인이 필요합니다. 시즌 한정 메뉴나 특별 프로모션 메뉴는 계절과 테마에 맞는 비주얼 스타일링으로 차별화를 꾀합니다. 이는 고객에게 신선함을 제공하며 브랜드의 다채로운 이미지를 강화합니다.

결론적으로 메뉴 네이밍과 비주얼 스타일링은 단순한 장식이 아니라, 브랜드의 경쟁력을 강화하는 핵심 전략입니다. 고객의 감성과 시각적 기대를 충족시키는 접근법을 통해, 브랜드는 더욱 강렬한 인상을 남길 수 있습니다. 외식업 프로듀서로서, 메뉴 네이밍과 비주얼 스타일링에 대한 깊은 이해와 창의적인 실행은 성공적인 브랜드 설계의 필수 요소입니다.

공간과 디자인 기획

06

CHAPTER

16. 상권과 고객 분석을 반영한 매장 설계

매장 설계는 단순히 공간을 꾸미는 작업을 넘어 고객의 행동 패턴과 지역 상권의 특성을 종합적으로 고려해야 하는 과정입니다. 잘 설계된 매장은 고객에게 브랜드 가치를 전달하고 매출을 극대화할 수 있는 환경을 제공합니다. 특히 상권과 고객 분석을 반영한 매장 설계는 외식업의 성공에 필수적입니다.

상권 분석을 반영한 매장 설계

상권의 특성을 파악하는 것이 중요합니다. 상권 분석은 매장이 위치한 지역의 인구통계학적 정보, 유동인구의 움직임, 경쟁 매장의 위치 등을 조사하는 것을 포함합니다. 예를 들어, 주거 지역과 오피스 상권은 고객의 방문 시간대와 니즈가 다르기 때문에 이에 맞춘 설계가 필요합니다.

상권 내 주요 동선과 시야를 고려해야 합니다. 매장은 고객이 쉽게 접근할 수 있는 위치에 있어야 하며, 매장 입구는 유동인구가 많은 방향을 향하는 것이 효과적입니다. 또한, 매장의 외부 디자인은 멀리서도 브랜드를 쉽게 인식할 수 있도록 시각적으로 강렬해야 합니다.

경쟁 매장과의 차별화 전략을 설계에 반영해야 합니다. 동일한 상권 내에 유사한 콘셉트의 매장이 많을 경우, 디자인과 공간 활용에서 차별화를 통해 고객의 관심을 끌 수 있습니다. 예를 들어, 카페 상권에서 독서 공간이나 소규모 모임을 위한 공간을 제공하면 경쟁 우위를 점할 수 있습니다.

고객 분석을 반영한 매장 설계

고객의 행동 패턴을 기반으로 공간을 설계해야 합니다. 고객이 매장에 머무는 평균 시간, 그룹 크기, 방문 목적 등을 분석하여 좌석 배치와 동선을 최적화합니다. 예를 들어, 회전율이 중요한 패스트푸드점에서는 간결한 동선과 셀프서비스를 강조하는 설계가 필요하며, 반면에 고급 레스토랑은 프라이빗한 공간과 편안한 좌석 배치가 더 적합합니다.

고객 경험을 증대시키는 요소를 설계에 포함합니다. 이는 조명, 음악, 온도, 향기와 같은 감각적 요소를 포함합니다. 이러한 요소들은 고객의 감정적 경험에 큰 영향을 미치며, 브랜드의 기억에 남는 이미지를 형성하는 데 도움을 줍니다.

고객의 디지털 경험을 강화하는 설계도 고려해야 합니다. 모바일 주문이나 키오스크 시스템이 설치된 매장은 고객의 편리함을 높이며, 대기 시간을 줄이는 데 도움을 줍니다. 또한, 충전 시설과 Wi-Fi를 제공하면 고객의 만족도가 높아질 수 있습니다.

성공적인 매장 설계의 사례

스타벅스는 각 상권의 특성을 반영하여 매장을 설계합니다. 번화가에 위치한 매장은 좌석 수를 늘려 유동인구를 수용하고, 조용한 주거 지역에서는 안락한 분위기를 강조합니다. 이러한 맞춤형 설계는 고객의 다양한 니즈를 충족시키는 데 성공했습니다.

이케아 레스토랑은 고객의 동선을 철저히 분석하여 설계되었습니다. 매장 전체를 관통하는 단방향 동선은 고객이 매장의 모든 상품을 자연스럽게 보게 하며, 식당의 위치는 쇼핑 중간에 고객이 휴식할 수 있도록 배치되었습니다.

일본의 한 초밥 전문점은 바쁜 상권에서 테이블 대신 카운터 좌석 중심의 설계를 채택했습니다. 이는 공간 효율성을 높이며, 동시에 셰프와 고객 간의 직접적인 상호작용을 통해 고급스러운 이미지를 강화했습니다.

매장 설계 시 유의점

유연성을 고려한 설계를 해야 합니다. 고객의 요구와 시장 트렌드는 시간이 지나면서 변할 수 있습니다. 따라서 매장은 변경과 확장이 용이한 구조로 설계하는 것이 중요합니다. 예를 들어, 이동 가능한 가구와 다목적 공간은 다양한 이벤트와 시즌에 적응할 수 있도록 도와줍니다.

예산과 효율성의 균형이 필요합니다. 매장 설계는 브랜드 이미지를 높이는 동시에 예산 내에서 이루어져야 합니다. 불필요한 화려함보다는 실용적이면서도 브랜드 가치를 전달할 수 있는 디자인 요소에 집중해야 합니다.

지속 가능성을 고려한 설계를 해야 합니다. 친환경 자재를 사용하거나 에너지 효율적인 설계를 도입하면 브랜드의 사회적 책임 이미지를 강화할 수 있습니다. 이는 장기적으로 운영비 절감과 고객의 호감을 동시에 얻을 수 있는 전략입니다.

결론적으로 상권과 고객 분석을 반영한 매장 설계는 단순한 물리적 공간의 창조가 아니라, 브랜드 가치를 시각적으로 표현하고 고객 경험을 최적화하는 과정입니다. 외식업 프로듀서로서 상권과 고객 데이터를 기반으로 한 맞춤형 설계를 통해 브랜드의 성공 가능성을 극대화할 수 있습니다.

17. 인테리어와 동선 디자인의 심리학

외식 매장의 인테리어와 동선 디자인은 단순히 시각적인 아름다움을 제공하는 것을 넘어, 고객의 행동을 유도하고 매장의 운영 효율성을 극대화하는 데 중요한 역할을 합니다. 심리학적 요소를 적용한 인테리어와 동선 설계는 고객의 만족도를 높이고 재방문율을 향상시키는 핵심 전략입니다.

인테리어 디자인에 숨겨진 심리학

색상 심리학을 활용한 디자인이 필요합니다. 색상은 고객의 감정과 행동에 강력한 영향을 미칩니다. 예를 들어, 빨간색과 주황색은 식욕을 자극하여 패스트푸드점에서 자주 사용되며, 파란색과 녹색은 차분함과 신뢰를 전달하여 고급 레스토랑에 적합합니다. 브랜드의 정체성과 매장 콘셉트에 맞는 색상을 선택해야 합니다.

조명 설계는 분위기 형성의 핵심 요소입니다. 밝고 따뜻한 조명은 고객에게 편안함을 제공하며, 낮은 조명은 고급스러운 분위기를 조성하는 데 효과적입니다. 특히, 조명은 음식의 색과 질감을 강조할 수 있는 방식으로 설계되어야 합니다. 예를 들어, 은은한 노란빛 조명은 음식의 신선함과 따뜻함을 강조할 수 있습니다.

재료와 질감의 선택은 고객의 촉각과 시각 경험에 큰 영향을 미칩니다. 나무와 같은 자연 소재는 따뜻하고 친근한 느낌을 주며, 금속과 유리는 현대적이고 세련된 이미지를 전달합니다. 매장의 목적과 고객층에 따라 재료를 조화롭게 활용해야 합니다.

동선 디자인에서의 심리적 유도

동선의 명료성은 고객의 편리함을 좌우합니다. 매장의 입구에서 카운터, 좌석, 화장실 등 주요 지점까지의 경로는 직관적이어야 합니다. 복잡한 동선은 고객의 혼란을 초래하고 만족도를 낮출 수 있습니다.

둘째, 고객의 체류 시간을 조절하는 디자인이 중요합니다. 회전율이 중요한 매장에서는 짧고 효율적인 동선을 설계하여 고객이 빠르게 이동하도록 유도합니다. 반면, 체류 시간이 긴 카페나 고급 레스토랑에서는 공간을 나누어 프라이버시를 제공하거나 편안한 좌석 배치를 통해 고객이 오래 머물도록 설계할 수 있습니다.

시선 유도 디자인을 활용해야 합니다. 매장 입구에서 가장 눈에 띄는 위치에 대표 메뉴나 시그니처 상품을 배치하면 고객의 선택을 유도할 수 있습니다. 또한, 벽면에 활용된 시각적 장식이나 디지털 디스플레이는 고객의 관심을 끌고 브랜드 메시지를 효과적으로 전달할 수 있습니다.

심리학적 디자인의 성공 사례

스타벅스는 따뜻한 색상의 조명과 자연 소재의 가구를 활용하여 고객에게 편안하고 친근한 분위기를 제공합니다. 동시에, 카운터와 주문 대기 구역의 명확한 동선 설계로 혼잡을 최소화하고 고객의 만족도를 높였습니다.

맥도날드는 빨간색과 노란색을 주된 색상으로 사용하여 식욕을 자극하는 동시에, 간결한 동선 설계를 통해 빠른 주문과 식사를 유도합니다. 이는 패스트푸드점의 목적과 고객의 요구를 완벽히 반영한 디자인입니다.

일본의 고급 스시 레스토랑은 조명을 활용하여 음식의 질감과 신선함을 강조하고, 카운터 중심의 동선을 통해 셰프와 고객 간의 상호작용을 극대화하였습니다. 이러한 접근은 고객에게 독특하고 기억에 남는 경험을 제공합니다.

효과적인 인테리어와 동선 디자인의 구성 요소

브랜드 정체성과의 조화가 필요합니다. 인테리어와 동선은 브랜드의 메시지를 시각적으로 표현해야 합니다. 예를 들어, 친환경을 강조하는 브랜드는 자연 소재와 녹색 식물을 적극 활용하는 것이 효과적입니다.

둘째, 공간 활용의 최적화가 필요합니다. 제한된 공간에서 효율성을 극대화하기 위해 다목적 가구나 이동 가능한 인테리어 요소를 도입할 수 있습니다. 이는 다양한 이벤트나 고객 수요 변화에 유연하게 대응할 수 있는 장점이 있습니다.

고객 편의성을 고려해야 합니다. 고객이 쉽게 이동하고 원하는 서비스를 빠르게 받을 수 있도록 설계해야 합니다. 예를 들어, 키즈존이나 장애인 접근성을 고려한 디자인은 고객 만족도를 크게 높입니다.

결론적으로 인테리어와 동선 디자인의 심리학은 단순히 시각적 매력을 넘어서 고객의 감정과 행동에 영향을 미치는 강력한 도구입니다. 외식업 프로듀서는 이러한 심리학적 요소를 활용하여 브랜드의 정체성을 강화하고, 고객 경험을 향상시키는 공간을 설계해야 합니다. 잘 설계된 매장은 단순한 식사 장소를 넘어 고객에게 특별한 경험과 기억을 제공하는 브랜드의 핵심 자산이 될 것입니다.

18. 브랜드 감성을 강화하는 디자인 요소

브랜드 감성을 강화하는 디자인 요소는 외식업 매장의 정체성과 차별성을 고객에게 직관적으로 전달하는 중요한 수단입니다. 디자인 요소는 매장의 첫인상을 결정하고 고객의 기억 속에 브랜드 이미지를 각인시키는 역할을 합니다. 잘 설계된 디자인은 고객에게 시각적 만족뿐만 아니라 정서적 공감을 이끌어내며, 브랜드 충성도를 형성하는 데 기여합니다.

브랜드 감성을 구성하는 주요 디자인 요소

브랜드 색채는 고객의 기억에 브랜드를 각인시키는 강력한 도구입니다. 브랜드의 핵심 메시지와 분위기를 전달하는 색상은 매장의 로고, 메뉴판, 내부 인테리어 등 모든 시각적 요소에 일관되게 사용되어야 합니다. 예를 들어, 친환경 이미지를 강조하는 브랜드는 녹색과 갈색 계열을 주로 활용하여 자연스러운 감성을 전달할 수 있습니다.

패턴과 텍스처는 공간의 개성과 독창성을 부여합니다. 반복적인 로고 패턴, 독특한 벽지 디자인, 질감 있는 소재 등을 활용하면 브랜드만의 독특한 분위기를 연출할 수 있습니다. 이러한 텍스처는 고객에게 촉각적 경험을 제공하며, 브랜드의 고유한 이미지를 더욱 강화합니다.

브랜드 로고와 아이콘은 고객이 브랜드를 인지하고 기억하는 데 중요한 역할을 합니다. 로고는 단순하면서도 의미 있는 형태로 디자인되어야 하며, 매장 내외부와 모든 마케팅 채널에서 일관되게 사용되어야 합니다. 로고와 함께 사용되는 작은 아이콘들은 메뉴판, 포장재, 디지털 플랫폼 등에 활용되어 세부적인 디자인 요소로서의 역할을 합니다.

브랜드 감성을 강화하는 공간 활용

조명은 공간의 분위기를 결정짓는 중요한 요소입니다. 따뜻한 색감의 조명은 고객에게 아늑함과 편안함을 제공하며, 밝고 차가운 조명은 현대적이고 세련된 이미지를 전달합니다. 또한, 조명은 특정 제품이나 공간을 강조하는 데도 활용될 수 있습니다. 예를 들어, 시그니처 메뉴가 진열된 공간에 스포트라이트를 비추면 고객의 관심을 집중시킬 수 있습니다.

벽면 디자인은 브랜드의 메시지를 시각적으로 표현하는 공간입니다. 벽면에 브랜드의 이야기를 담은 일러스트레이션이나 텍스트를 배치하면 고객이 브랜드의 철학과 가치를 직관적으로 이해할 수 있습니다. 예를 들어, 로컬 농산물을 사용하는 브랜드는 산지와 농부의 사진을 벽면에 배치하여 신뢰와 정통성을 전달할 수 있습니다.

가구와 소품은 공간의 감성을 구체화하는 요소입니다. 매장의 가구는 편안함과 실용성을 제공하는 동시에 브랜드의 스타일과 일치해야 합니다. 소품은 고객에게 작은 디테일에서 감동을 줄 수 있습니다. 예를 들어, 손으로 직접 쓴 메뉴판, 브랜드 로고가 새겨진 컵받침 등은 고객 경험을 더욱 특별하게 만들어줍니다.

디지털 요소를 활용한 감성 디자인

디지털 기술을 활용한 디자인은 현대 외식업 매장에서 점점 더 중요해지고 있습니다. 디지털 메뉴판, 프로젝션 맵핑, 인터랙티브 디스플레이 등은 고객에게 미래지향적이고 혁신적인 이미지를 전달합니다. 예를 들어, 벽면에 프로젝션으로 자연 이미지를 비추어 매장의 분위기를 동적으로 변화시키면 고객의 감각을 자극할 수 있습니다.

또한, 소셜 미디어에 최적화된 디자인 요소를 고려하는 것도 중요합니다. 고객이 매장에서 사진을 찍어 공유하고 싶어 할 만한 포토존을 제공하거나, 브랜드 해시태그를 통해 온라인에서도 브랜드 감성을 확장할 수 있습니다.

성공 사례

애플스토어의 미니멀리즘입니다. 애플스토어는 간결하고 직선적인 디자인과 고급스러운 재질을 활용하여 브랜드의 기술적 혁신과 단순함을 시각적으로 전달합니다. 이러한 디자인은 애플의 브랜드 감성을 매장 방문 경험 전체에 녹여냅니다.

스타벅스의 로컬화된 디자인입니다. 스타벅스는 매장마다 지역의 특성을 반영한 독특한 인테리어를 적용하여 글로벌 브랜드임에도 불구하고 현지 고객과 감성적으로 연결될 수 있는 전략을 채택하고 있습니다.

도쿄의 팀랩 플로팅 디지털 아트 레스토랑입니다. 팀랩의 레스토랑은 프로젝션 맵핑과 조명을 활용하여 시각적 감동을 선사합니다. 식사 공간 전체를 하나의 예술 작품처럼 디자인하여 고객에게 잊지 못할 경험을 제공합니다.

결론적으로 브랜드 감성을 강화하는 디자인 요소는 고객과 브랜드 사이의 정서적 연결을 형성하고, 매장을 단순한 식사 공간에서 독특한 경험 공간으로 변화시킵니다. 외식업 프로듀서는 브랜드의 가치를 시각적으로 표현할 수 있는 디자인 전략을 세심하게 기획해야 합니다. 이러한 디자인은 고객의 기억에 남는 매장을 만드는 데 결정적인 역할을 하며, 브랜드의 장기적인 성공을 견인합니다.

상권 분석과 입지 선정

07

CHAPTER

19. 데이터 기반 상권 분석 방법

데이터 기반 상권 분석은 외식업 성공의 출발점입니다. 상권 분석은 매장의 위치 선정, 고객 타깃팅, 경쟁 분석 등 외식업 전략 수립의 핵심 요소이며, 데이터를 활용하면 이러한 과정의 정확성과 효율성을 크게 향상시킬 수 있습니다. 데이터 기반 상권 분석은 직관에 의존하지 않고 객관적인 근거를 통해 최적의 의사결정을 내리는 데 중점을 둡니다.

데이터 기반 상권 분석의 중요성

데이터를 활용한 상권 분석은 매장 성공 가능성을 극대화합니다. 적합한 상권을 선택하면 고객 접근성이 높아지고, 매출 잠재력이 극대화되며, 경쟁 업체와 차별화된 위치를 확보할 수 있습니다. 데이터는 고객 행동, 인구 통계, 트래픽 패턴 등을 포함하여 시장의 현실을 반영하는 중요한 정보를 제공합니다.

데이터 수집 방법

공공 데이터를 활용합니다. 정부 및 지방자치단체에서 제공하는 상권 정보와 인구 통계 데이터는 기본적인 출발점입니다. 예를 들어, 연령별, 소득별, 성별 분포 데이터를 활용하면 주요 고객층의 규모와 특성을 파악할 수 있습니다.

POS 시스템 및 매장 데이터를 분석합니다. 기존 매장이 있다면, POS 데이터를 통해 고객의 구매 패턴, 인기 메뉴, 방문 시간 등을 분석할 수 있습니다. 이는 새로운 매장의 상권 선택뿐만 아니라 기존 매장의 효율 개선에도 유용합니다.

온라인 데이터를 수집합니다. 소셜 미디어와 리뷰 플랫폼은 고객의 피드백과 관심사를 실시간으로 반영하는 데이터의 보고입니다. 또한, 지도 애플리케이션과 같은 디지털 도구를 활용해 지역 트래픽 패턴과 고객 이동 경로를 분석할 수 있습니다.

데이터 분석 방법

GIS(지리 정보 시스템)을 활용하여 상권을 시각화합니다. GIS는 지도 기반 데이터 분석 도구로, 특정 지역의 고객 분포, 경쟁 업체 위치, 교통 접근성을 시각적으로 보여줍니다.

클러스터링 분석을 통해 고객 집단을 분류합니다. 고객의 행동과 특성을 기반으로 클러스터링하면 주요 고객층의 특성을 정확히 파악할 수 있습니다. 예를 들어, 점심 시간대에 근처 직장인을 대상으로 한 매장과 저녁 가족 단위 고객을 대상으로 한 매장은 상권 조건이 달라집니다.

경쟁 분석을 수행합니다. 경쟁 업체의 위치, 메뉴, 가격, 고객 리뷰 데이터를 수집하고 비교하여 시장에서의 위치를 전략적으로 정의합니다. 경쟁자가 부족한 블루오션 지역을 찾거나, 경쟁이 치열하더라도 차별화를 통해 성공 가능성이 높은 지역을 선택할 수 있습니다.

상권 유형별 전략

주거 상권에 해당하는 주거 지역은 가족 단위 고객이 주요 타깃입니다. 인구 통계 데이터에서 해당 지역의 가구 구성, 소득 수준, 소비 패턴을 분석해 메뉴와 가격 전략을 설정합니다.

직장인이 밀집된 오피스 상권에서는 빠르고 효율적인 점심 메뉴와 경쟁력 있는 가격이 중요합니다. 고객의 이동 동선과 점심 시간 트래픽을 분석하여 최적의 위치를 선택합니다.

관광객이 주로 방문하는 관광 상권에서는 트렌디한 메뉴와 독창적인 콘셉트가 성공 요소입니다. 관광객 데이터와 방문 트렌드를 분석하여 매장을 최적화합니다.

데이터 기반 상권 분석의 성공 사례

스타벅스의 위치 선정 전략을 참고하기 바랍니다. 스타벅스는 GIS와 머신러닝을 활용하여 고객 트래픽 데이터와 인구 통계를 기반으로 최적의 매장 위치를 선정합니다. 이를 통해 고객 접근성과 매출 잠재력을 극대화합니다.

코카콜라의 냉장고 배치 분석을 참고하기 바랍니다. 코카콜라는 소매점의 매출 데이터를 분석해 냉장고를 배치하는 최적의 장소를 파악했습니다. 이와 같은 데이터 기반 접근은 판매 증가에 직접적으로 기여했습니다.

맥도날드의 글로벌 위치 선정 전략을 참고하기 바랍니다. 맥도날드는 상권 분석에 데이터와 기술을 적극 활용하여 전 세계 매장을 최적의 위치에 배치합니다. 특히, 주요 교통 요지와 상업 지역을 대상으로 고객 트래픽 데이터를 수집하고, 지역별 소비 패턴과 경쟁사 분석을 통해 입지 전략을 세웁니다. 이러한 데이터 기반 접근은 고객 접근성을 높이고 매출을 극대화하는 데 기여했습니다.

데이터 기반 상권 분석 도구

소상공인 상권정보시스템은 지역별 유동 인구, 소비자 연령대,

소득 수준 등의 데이터를 제공하여 소상공인들이 효과적으로 상권을 분석할 수 있도록 돕습니다. 예를 들어, 한 신규 카페 창업자는 SGIS를 활용해 직장인이 많은 상권에서 점심 시간대 유동 인구가 높은 지역을 발견했습니다. 이를 바탕으로 점심 세트와 간단한 테이크아웃 메뉴를 중심으로 한 매장을 오픈하여 단기간에 안정적인 매출을 확보할 수 있었습니다. SGIS는 소상공인들에게 비용 효율적이고 신뢰할 수 있는 데이터를 제공하는 중요한 도구로 자리 잡았습니다.

오픈업(OpenUp)은 상권 내 업종별 분포, 매출 추이, 인구 구성 등을 심층적으로 분석할 수 있는 플랫폼으로, 특히 경쟁사 분석과 고객층 파악에 유용합니다. 한 분식 전문점 창업자는 오픈업 데이터를 통해 해당 지역의 분식 업종 포화 상태를 확인하고, 경쟁자가 적으면서 고객 수요가 높은 인근 지역으로 입지를 변경했습니다. 또한, 데이터를 바탕으로 메뉴를 재구성하고 차별화된 고객 경험을 제공하여 성공적으로 시장에 진입할 수 있었습니다. 오픈업은 창업자의 의사결정을 데이터로 뒷받침해주는 실질적인 도구로 평가받고 있습니다.

이와 같이, 소상공인 상권정보시스템과 오픈업은 데이터를 기반으로 한 의사결정을 통해 창업 리스크를 줄이고 성공 가능성을 높이는 데 중요한 역할을 합니다.

결론적으로 데이터 기반 상권 분석은 외식업 성공의 기초가 되는 전략입니다. 직관에 의존하는 전통적인 방법과 달리, 데이터를 활용한 접근은 정확성과 신뢰성을 제공합니다. 외식업 프로듀서는 고객, 시장, 경쟁 데이터를 종합적으로 분석하여 최적의 상권을 선택하고, 브랜드의 성공 가능성을 극대화할 수 있어야 합니다. 데이터는 경쟁력 있는 외식 브랜드를 설계하고 지속 가능성을 확보하는 데 필수적인 자산입니다.

20. 소비자와 경쟁자 분석을 통한 입지 전략

외식업에서 입지는 매출과 운영 성과를 결정짓는 중요한 요소입니다. 단순히 유동 인구가 많은 지역을 선택하는 것만으로는 충분하지 않습니다. 소비자와 경쟁자에 대한 심층적인 분석을 통해 매장의 콘셉트와 고객 니즈에 최적화된 입지를 선정하는 것이 성공적인 외식 브랜드 운영의 핵심입니다.

소비자 분석을 통한 입지 선정

소비자 분석은 입지를 선택하기 전 가장 먼저 이루어져야 하는 단계입니다. 목표 고객층의 특성과 지역 내 소비 패턴을 파악하는 것이 중요합니다.

타깃 고객층의 라이프스타일 파악이 필요합니다. 고객층의 생활 방식을 이해하면 그들이 어떤 환경에서 외식을 선호하는지 알 수 있습니다. 예를 들어, 20~30대 직장인은 점심시간에 접근성이 좋은 장소를 선호하며, 가족 단위 고객은 주말에 여유로운 분위기의 매장을 찾는 경향이 있습니다.

소비자 이동 경로와 집객 요인 분석이 중요합니다. 주요 교통 요지, 쇼핑몰, 학교, 회사 등 고객 유입을 유도하는 주요 지점과의 접근성을 고려해야 합니다. 고객들이 자주 다니는 경로와 그들이 머무르는 시간을 파악하면 입지 선정의 정확도를 높일 수 있습니다.

지역별 소비 특성 비교를 통해 특정 상권의 강점과 약점을 분석해야 합니다. 예를 들어, A 지역은 낮 시간대 유동 인구가 많지만 저녁에는 한산한 반면, B 지역은 저녁과 주말에 활성화된 상권일 수 있습니다. 매장의 운영 시간과 타깃 고객층에 따라 적합한 상권을 선택해야 합니다.

경쟁자 분석을 통한 차별화 전략

경쟁자 분석은 해당 상권 내에서 브랜드를 차별화하기 위한 전략적 접근입니다. 경쟁자의 강점과 약점을 분석하면 경쟁 우위를 확보할 기회를 찾을 수 있습니다.

경쟁자 매장의 입지와 운영 전략 파악이 중요합니다. 경쟁 매장의 위치, 고객층, 메뉴 구성, 마케팅 전략을 조사하여 자사 매장의 포지셔닝을 명확히 할 수 있습니다. 예를 들어, 경쟁 매장이 고급 메뉴를 제공한다면, 가성비를 강조한 콘셉트로 차별화할 수 있습니다.

경쟁 밀집 지역과 미개척 지역 비교를 통해 입지의 기회 요인을 발굴해야 합니다. 경쟁 매장이 많은 지역에서는 소비자의 선택지가 다양해지므로, 차별화된 강점이 없는 경우 고객 유치가 어려울 수 있습니다. 반면, 경쟁자가 적은 지역은 시장 개척의 기회가 될 수 있지만, 충분한 소비 수요가 뒷받침되어야 합니다.

시장 틈새를 활용한 포지셔닝을 고려해야 합니다. 경쟁자가 제공하지 못하는 메뉴, 서비스, 또는 경험을 제공함으로써 시장 내에서 독특한 입지를 구축할 수 있습니다. 예를 들어, 경쟁 매장이 패스트푸드 중심이라면 건강한 식단을 강조한 매장으로 틈새시장을 공략할 수 있습니다.

현장 조사를 활용한 데이터 보완

데이터 기반 분석만으로는 확인할 수 없는 지역의 특성과 실제 상황을 이해하기 위해 현장 조사가 필수적입니다.

현장 관찰을 해야 합니다. 특정 시간대의 유동 인구, 차량 흐름, 인근 상권의 활발한 시간대를 관찰합니다. 예를 들어, 아침에는 한산하지만 저녁에는 활발한 지역이라면 저녁 식사 중심의 매장 운영이 적합할 수 있습니다.

주변 시설 탐색을 해야 합니다. 매장 근처의 편의시설, 학교, 오피스, 주거 단지 등을 확인해 주요 고객층의 동선을 파악합니다. 예를 들어, 학원 밀집 지역에서는 부모 대기 공간과 간단한 식사를 제공하는 매장이 경쟁력이 있을 수 있습니다.

현지 상인과의 인터뷰를 해야 합니다. 현지 상인과 대화를 통해 소비자 행동 패턴, 상권 활성화 요인, 잠재적 리스크 등을 파악할 수 있습니다.

성공적인 입지 선정 사례

한 주점 운영자는 지역 내 유동 인구 데이터를 바탕으로 젊은 직장인이 많은 오피스 상권을 타깃으로 설정했습니다. 이후 현장 조사를 통해 해당 상권의 주요 고객층이 퇴근 후 간단히 술을 즐기는 경향이 있다는 점을 발견했습니다. 이를 기반으로 안주 메뉴를 소규모로 다양화하고 빠른 서비스 제공을 강조한 매장을 오픈하여 큰 성공을 거두었습니다.

결론적으로 소비자와 경쟁자 분석을 기반으로 한 입지 전략은 단순히 데이터에 의존하는 것이 아니라 현장 조사와 시장 트렌드 이해를 결합한 접근이 필요합니다. 철저한 분석과 전략적 결정을 통해 고객의 니즈와 시장의 기회를 충족시키는 입지를 선택할 수 있습니다. 이러한 과정은 외식 브랜드의 성공과 지속가능성을 높이는 핵심 요소로 작용합니다.

21. 성공적인 입지를 결정짓는 핵심 요소

외식업 매장의 성공을 결정짓는 입지 선정은 단순히 좋은 위치를 고르는 것을 넘어, 다각적인 접근이 필요합니다. 상권의 특성과 고객의 니즈를 종합적으로 고려하여 최적의 입지를 찾는 것이 중요합니다. 이를 위해 데이터를 기반으로 한 분석뿐 아니라 창업자의 비전과 매장 콘셉트에 맞는 입지 요소를 체계적으로 검토해야 합니다.

입지의 핵심 요소 분석

입지 선정의 핵심 요소는 매장의 특성과 고객의 동선을 일치시키는 데 있습니다. 주요 고려 사항은 다음과 같습니다.

첫 번째로 접근성과 가시성이 중요합니다. 접근성이 좋은 입지는 고객이 쉽게 방문할 수 있는 위치를 의미하며, 대중교통과의 연계성, 주차 시설의 유무 등을 포함합니다. 가시성은 매장의 위치가 고객에게 얼마나 잘 보이는지를 나타냅니다. 대로변에 위치하거나 보행자 통행이 많은 지역은 자연스레 고객의 관심을 끌게 됩니다.

두 번째로 유동 인구의 성격과 흐름을 파악해야 합니다. 유동 인구의 양뿐만 아니라 그들의 특성과 행동 패턴이 매장에 적합한지 검토해야 합니다. 예를 들어, 저녁 시간대 유동 인구가 많은 지역은 디너 중심의 레스토랑에 적합하며, 반대로 아침과 점심 시간대 유동 인구가 많은 지역은 브런치 카페나 간편식 매장에 유리합니다.

세 번째로 상권의 성장 가능성을 고려해야 합니다. 현재 인구와 유동량뿐 아니라, 해당 지역의 발전 가능성도 입지 선정에 있어 중요한 요소입니다. 신규 개발 지역이나 주거단지 확장 지역은 초기 경쟁자가 적으면서도 잠재 고객층이 지속적으로 늘어날 가능성이 있습니다.

입지 선정 시 놓치기 쉬운 요소

입지 선정에서 흔히 간과하기 쉬운 요소들도 있습니다. 이를 사전에 검토하면 더 나은 결정을 내릴 수 있습니다.

소음과 환경적 요소입니다. 매장의 입지 근처가 지나치게 소란스럽거나 공사가 잦은 지역이라면 고객의 만족도가 떨어질 수 있습니다. 특히 고급 레스토랑이나 분위기 중심의 카페는 조용하고 안락한 환경을 필요로 합니다.

지역 규제와 법적 조건입니다. 지역에 따라 주차 공간 확보, 영업 허가, 소음 제한 등 다양한 규제가 있을 수 있습니다. 이를 사전에 파악하고 대비해야 원활한 매장 운영이 가능합니다.

입지의 경쟁자와 협력 가능성입니다. 경쟁자가 많을수록 포화 상태처럼 보일 수 있지만, 협력 가능한 업종이 있는 경우 시너지 효과를 낼 수도 있습니다. 예를 들어, 영화관 근처의 디저트 카페는 영화 관람 후 고객을 자연스럽게 유입시킬 수 있습니다.

전략적인 입지 성공 사례

서울의 한 주거 지역에서 작은 디저트 전문점을 운영한 창업자는 접근성과 성장 가능성을 핵심 요소로 삼았습니다. 창업 초기에는 유동 인구가 많지 않았지만, 지역 내 주거단지 확장 계획을 고려해 입지를 선정했습니다. 또한, 매장이 보이는 가시성을 높이기 위해 주변의 주차장 근처에 간판을 설치하고, 지역 주민과의 소통을 강화하는 전략을 사용했습니다. 그 결과, 1년 후 고객 유입이 크게 증가하며 안정적인 매출을 올릴 수 있었습니다.

결론적으로, 성공적인 입지 선정은 접근성과 유동 인구 같은 기본 요소에서 시작해 성장 가능성과 환경적 요인을 통합적으로 고려하는 과정을 요구합니다. 창업자는 이 모든 요소를 종합적으로 분석하며, 데이터를 기반으로 한 접근과 현장 감각을 결합해 최적의 입지를 선택해야 합니다.

운영 시스템 설계

08

CHAPTER

22. 효율적인 주방 동선과 직원 관리

외식업 매장에서 주방은 매출과 고객 경험의 핵심 역할을 합니다. 효율적인 주방 동선과 직원 관리는 조리 시간 단축, 품질 유지, 비용 절감, 그리고 직원 만족도를 높이는 데 기여합니다. 잘 설계된 동선과 관리 시스템은 운영 전반의 생산성을 극대화하며 고객 만족도를 높이는 필수 요소입니다.

효율적인 주방 동선 설계

효율적인 주방 동선은 직원들이 최소한의 이동으로 업무를 수행할 수 있도록 설계된 공간 구조를 의미합니다. 이는 주방의 크기와 형태, 조리 과정, 메뉴 구성에 따라 달라질 수 있습니다.

작업 구역의 명확한 분리가 중요합니다. 주방은 준비, 조리, 서빙으로 나뉘는 각 작업 구역이 논리적으로 배치되어야 합니다. 예를 들어, 재료 준비 구역과 조리 구역은 가까워야 하고, 조리 구역에서 서빙 구역까지의 이동이 직선이어야 효율적입니다.

동선의 최소화를 위해 작업 순서에 따라 배치해야 합니다. 조리 도구와 재료 보관 위치는 직원의 이동 시간을 줄이기 위해 동선 내에 위치해야 합니다. 예를 들어, 냉장고는 재료를 사용하는 준비대와 가까이 배치하고, 조리 기구는 조리 구역 주변에 배치합니다.

유연성을 고려한 설계도 필요합니다. 메뉴 변경이나 장비 추가를 대비하여 주방 공간이 유연하게 사용될 수 있도록 설계하는 것이 중요합니다. 특히, 매출 증가로 인해 주방 업무가 증가할 경우, 기존 동선을 유지하면서도 추가 장비를 효율적으로 배치할 수 있어야 합니다.

직원 관리의 효율화

직원 관리는 주방 운영 효율성을 좌우하는 또 다른 중요한 요소입니다. 적절한 인력 배치와 관리는 업무 과부하를 줄이고 직원들의 생산성을 높이는 데 기여합니다.

직원의 역할 분담과 명확한 업무 지침이 필요합니다. 직원별로 업무를 명확히 분담하고, 각자의 역할과 책임을 정의하여 혼란을 줄입니다. 이는 특히 바쁜 시간대에 동선 충돌을 방지하고 작업 속도를 높이는 데 효과적입니다.

효율적인 스케줄 관리가 필수적입니다. 직원의 근무 시간을 매출 데이터와 유동 인구에 따라 조정하여 인력 과잉이나 부족을 방지합니다. 예를 들어, 점심과 저녁의 피크 타임에는 인력을 집중적으로 배치하고, 한가한 시간대에는 최소 인력을 배치합니다.

셋째, 교육과 훈련을 통한 전문성 향상이 필요합니다. 조리 과정을 표준화하고, 모든 직원이 동일한 방식으로 작업할 수 있도록 정기적인 교육을 실시합니다. 특히, 신규 직원의 적응 시간을 단축하기 위해 매뉴얼화된 조리법과 운영 절차를 제공하는 것이 중요합니다.

성공 사례와 응용

효율적인 주방 동선과 직원 관리의 성공 사례로, 한 이탈리안 레스토랑은 주방 내 동선을 개선하여 피크 타임에도 평균 조리 시간을 20% 단축했습니다. 이는 직원별 업무 구역을 명확히 하고, 조리 기구를 작업 순서에 맞춰 재배치한 결과였습니다. 또한, 정기적인 직원 교육을 통해 조리 과정의 표준화를 이루었으며, 직원 만족도와 생산성이 동시에 향상되었습니다.

결국, 효율적인 주방 동선 설계와 직원 관리는 외식업 매장의 성공에 있어 필수적인 요소입니다. 이는 단순히 작업 시간을 단축하는 것을 넘어, 고객 경험 개선과 브랜드 신뢰도를 높이는 기반이 됩니다. 체계적인 설계와 관리 방식을 도입하면 매장은 생산성과 운영 효율성을 모두 강화할 수 있습니다.

23. 매출과 비용의 균형 잡힌 구조 설계

외식업에서 성공적인 경영을 위해서는 매출을 극대화하고 비용을 효율적으로 관리하여 적정 이익을 창출하는 균형 잡힌 구조 설계가 필수적입니다. 이는 단순히 비용을 줄이거나 매출을 늘리는 데 그치지 않고, 안정적인 수익 구조를 만들어 외식 브랜드의 지속 가능성을 확보하는 데 초점이 맞춰져 있습니다.

매출 극대화를 위한 전략

매출을 증대시키기 위해서는 고객의 니즈를 충족시키고 구매 빈도를 높이는 다양한 접근이 필요합니다.

메뉴 전략을 재정비해야 합니다. 매출을 견인할 수 있는 시그니처 메뉴를 중심으로 구성하고, 마진이 높은 메뉴를 전략적으로 배치하여 고객의 선택을 유도해야 합니다. 예를 들어, 세트 메뉴나 추가 판매 가능한 옵션을 제공하여 객단가를 높이는 방법이 효과적입니다.

운영 시간 최적화를 고려해야 합니다. 매출이 높은 시간대와 낮은 시간대를 분석하여, 피크 타임에는 최대의 고객을 수용할 수 있도록 운영하고, 비수기에는 프로모션을 활용하여 고객 유입을 유도해야 합니다. 예를 들어, 점심 시간에 할인된 런치 메뉴를 제공하거나, 비수기 시간에 테이크아웃이나 배달 서비스를 강화하는 전략이 있습니다.

다채널 접근을 통해 매출 기반을 다각화합니다. 오프라인 매장 외에 온라인 플랫폼을 적극 활용하여 예약, 배달, 테이크아웃 채널을 활성화하고, 고객의 접근성을 높이는 것이 중요합니다.

비용 효율화를 위한 전략

비용 관리에서는 고정비와 변동비를 체계적으로 분석하고, 필요 없는 낭비를 줄이는 것이 핵심입니다.

재료비 관리가 중요합니다. 재료비는 외식업 비용에서 큰 비중을 차지하므로, 이를 최적화하기 위해 원재료 구매를 계획적으로 관리해야 합니다. 신선 재료와 장기 보관 재료를 구분하여 낭비를 줄이고, 지역 생산자와의 협업을 통해 안정적인 공급망을 구축하는 것도 효과적입니다.

인건비 최적화를 고려해야 합니다. 피크 타임과 비수기에 맞춰 직원 스케줄을 조정하고, 자동화 기술을 활용하여 반복적인 작업을 최소화하면 인건비를 효율적으로 관리할 수 있습니다. 예를 들어, 키오스크나 모바일 주문 시스템을 도입하여 고객 대기 시간을 줄이고, 직원의 업무 부담을 경감할 수 있습니다.

운영비 절감을 위한 에너지 효율화와 장비 관리를 강화해야 합니다. 주방 장비와 냉난방 시스템의 에너지 소비를 최소화하고, 정기적인 유지보수를 통해 장비 수명을 연장하면 장기적인 비용 절감 효과를 얻을 수 있습니다.

수익성을 높이기 위한 구조 설계

매출과 비용을 종합적으로 고려하여 수익성을 극대화하려면 정교한 수익 구조 설계가 필요합니다.

손익분기점 분석을 통해 목표 매출을 설정해야 합니다. 매장의 고정비와 변동비를 계산하고, 이를 바탕으로 손익분기점을 명확히 설정하여, 매출 목표를 수립하고 관리합니다.

가격 전략을 조정하여 수익성을 강화합니다. 고객의 지불 의향과 시장의 가격대를 분석하여 적정 가격을 설정하고, 시즌별 또는 특별한 날에 맞춘 가격 프로모션을 진행하면 고객 충성도를 높일 수 있습니다.

이익 중심의 성과 관리 시스템을 도입해야 합니다. 매출, 비용, 이익 데이터를 지속적으로 모니터링하고 분석하여 경영 성과를 체계적으로 관리합니다. 이를 통해 비효율적인 지출 항목을 식별하고, 적시에 개선할 수 있습니다.

성공 사례와 응용

한 패밀리 레스토랑 체인은 재료비와 인건비를 철저히 관리하고, 고급 세트 메뉴를 도입하여 고객당 평균 매출을 15% 증가시켰습니다. 또한, 온라인 예약 시스템을 통해 비수기 시간대의 고객을 유도하고, 대기 시간을 줄이는 데 성공했습니다. 이러한 접근은 매출과 비용의 균형을 맞추면서도 지속적인 성장 기반을 마련하는 데 기여했습니다.

결론적으로 매출과 비용의 균형 잡힌 구조 설계는 외식 브랜드의 경쟁력을 유지하고, 장기적인 성공을 위한 필수적인 요소입니다. 철저한 분석과 계획을 통해 매출을 극대화하고, 비용을 효율적으로 관리하며, 수익성을 높이는 전략을 체계적으로 실행해야 합니다. 이는 외식업 프로듀서로서의 핵심 역량을 강화하는 데 중요한 단계입니다.

24. 오픈 전후 운영 시뮬레이션과 체크리스트

외식업 매장의 성공적인 오픈과 안정적인 운영을 위해서는 철저한 시뮬레이션과 준비 단계에서의 꼼꼼한 체크리스트가 필수적입니다. 이는 예상치 못한 문제를 사전에 방지하고, 효율적인 운영 체계를 마련하는 데 중요한 역할을 합니다.

오픈 전 시뮬레이션

오픈 전 시뮬레이션은 실제 운영 상황을 예측하고 준비 과정을 점검하는 단계입니다.

운영 프로세스 시뮬레이션입니다. 직원들이 실제 상황에서 역할을 수행하는 연습을 통해 주문, 조리, 서빙, 결제 등의 전 과정을 테스트해야 합니다. 이 과정에서 예상되는 병목현상이나 비효율성을 파악하고 개선해야 합니다. 예를 들어, 주방 동선이 불편하거나 주문 처리 시간이 길어지는 문제가 발견될 수 있습니다.

고객 시뮬레이션입니다. 가족, 친구, 협력사를 초청해 고객 역할을 맡기고 실제와 유사한 환경에서 서비스를 제공해 봅니다. 이를 통해 고객 경험 관점에서의 문제점과 개선 사항을 확인할 수 있습니다. 고객 대기 시간, 서비스 품질, 메뉴 제공 속도 등을 체크해야 합니다.

재고 및 공급망 시뮬레이션입니다. 예상 판매량에 따른 재료 구매와 재고 관리 방식을 점검하여 낭비를 줄이고 원활한 공급 체계를 구축합니다. 이 과정에서 부족하거나 과잉 구매되는 재료를 파악해 조정합니다.

오픈 전 체크리스트

매장을 오픈하기 전에는 필요한 항목을 세세하게 점검해야 합니다.

- **시설 점검:** 주방 설비, 전기 및 수도 시설, POS 시스템, 냉난방 설비의 정상 작동 여부를 확인합니다.

- **위생 상태:** 매장 청소와 위생 기준 충족 여부를 점검합니다. 특히, 주방과 화장실의 청결 상태는 고객 만족도에 큰 영향을 미칩니다.

- **직원 교육:** 메뉴 조리법, 서비스 매뉴얼, 고객 응대 방식 등에

대한 직원 교육이 완료되었는지 확인합니다.

- **홍보 준비:** 온라인 및 오프라인 홍보 채널이 잘 준비되었는지 확인하고, 프로모션 계획이 실행 가능한 상태인지 점검합니다.

오픈 후 시뮬레이션

오픈 후 시뮬레이션은 초기 운영 상황을 안정적으로 관리하고, 지속적인 개선을 위한 단계입니다.

첫째, 운영 데이터 분석입니다. 오픈 초기의 매출, 고객 수, 인기 메뉴 등을 분석하여 문제점을 파악하고 개선합니다. 예를 들어, 특정 시간대에 고객이 몰리는 경우, 추가 인력을 배치하거나 메뉴 제공 속도를 조정해야 할 수 있습니다.

둘째, 고객 피드백 수집입니다. 고객 설문지나 리뷰를 통해 서비스, 메뉴, 분위기에 대한 의견을 수집하고 이를 바탕으로 개선 계획을 수립합니다.

셋째, 비상 상황 대비입니다. 예상치 못한 문제가 발생했을 때 빠르게 대응할 수 있는 계획을 마련하고, 이를 직원들과 공유합니다. 예를 들어, 재료가 부족할 경우 대체 메뉴를 준비하거나, 예상보다 고객 수가 많을 경우 추가 좌석 배치를 고려합니다.

체크리스트로 운영 안정화

오픈 후에도 지속적으로 점검해야 할 항목을 체크리스트로 관리하면 운영 안정화를 도울 수 있습니다.

- **일일 점검 항목:** 주방 설비 상태, 재고 수준, 직원 출근 및 근무 상태, 청결 상태 등을 매일 점검합니다.

- **주간 점검 항목:** 매출 분석, 인기 메뉴 및 비인기 메뉴 평가, 마케팅 효과 분석 등을 주 단위로 점검합니다.

- **월간 점검 항목:** 전체 매출과 비용을 분석하고, 손익분기점 달성 여부를 확인하며, 필요한 경우 전략을 수정합니다.

성공 사례와 응용

한 신규 레스토랑은 오픈 전 3일 동안 지인과 협력사를 초청해 실제 운영 환경을 시뮬레이션했습니다. 이를 통해 메뉴 제공 속도, 고객 대기 시간, 직원의 역할 수행 능력을 평가하고 개선했습니다. 오픈 후에도 주간 점검을 통해 비인기 메뉴를 조정하고, 고객 피드백을 반영한 프로모션을 진행하여 성공적인 운영으로 이어졌습니다.

결론적으로 오픈 전후의 철저한 시뮬레이션과 꼼꼼한 체크리스트 관리가 외식업 매장의 초기 성공을 결정짓는 중요한 요소입니다. 사전 준비와 지속적인 개선을 통해 운영의 안정성을 확보하고, 고객 만족도를 높이는 데 집중해야 합니다. 외식업 프로듀서로서 이러한 과정을 체계적으로 설계하고 실행하는 것은 성공적인 외식 브랜드를 만드는 데 필수적입니다.

마케팅과 홍보 전략

09

CHAPTER

25. 온 · 오프라인 마케팅의 연계성

현대 외식업 시장에서 성공하려면 온 · 오프라인 마케팅을 효과적으로 연계하는 전략이 필수적입니다. 단순히 매장을 홍보하는 것을 넘어, 고객의 소비 여정을 통합적으로 관리하고, 브랜드 경험을 온 · 오프라인에서 일관되게 제공하는 것이 중요합니다.

온·오프라인 연계의 중요성

고객은 정보를 온 · 오프라인에서 혼합적으로 얻습니다. 온라인에서는 소셜미디어, 리뷰, 광고 등을 통해 브랜드를 접하고, 오프라인에서는 매장을 방문해 실제로 경험합니다. 온 · 오프라인 간의 단절이 있다면 고객의 신뢰도가 낮아질 수 있습니다.

디지털 환경에 익숙한 현대 고객은 편리함을 기대합니다. 온라인 예약 시스템, 모바일 결제 등 온라인 기능과 오프라인 서비스가 연계되면 고객의 만족도가 높아집니다.

브랜드의 정체성과 이미지는 온 · 오프라인 모두에서 일관되게 전달되어야 합니다. 고객은 매장에서 느낀 감성과 온라인에서 접한 정보를 자연스럽게 연결하기를 원합니다.

온·오프라인 연계 전략

첫 번째로 중요한 것은 일관된 브랜딩입니다. 온라인에서는 소셜미디어, 홈페이지, 광고 등에서 브랜드 이미지를 강화하고, 오프라인에서는 매장 인테리어, 직원 응대, 메뉴판 디자인 등을 통해 동일한 이미지를 전달해야 합니다. 예를 들어, 온라인에서 건강하고 신선한 이미지를 강조한다면, 오프라인 매장에서도 건강한 재료와 깨끗한 환경을 제공해야 합니다.

두 번째로 소셜미디어와 오프라인 이벤트의 연계를 활용해야 합니다. 소셜미디어에서 오프라인 매장 이벤트를 홍보하거나, 매장 방문 시 소셜미디어에 특정 해시태그를 사용해 게시물을 올리는 고객에게 할인 혜택을 제공하는 방식이 효과적입니다. 이를 통해 소셜미디어의 바이럴 효과를 극대화할 수 있습니다.

세 번째는 온라인 예약 및 주문 시스템의 도입입니다. 고객이 편리하게 예약하거나, 픽업 서비스를 이용할 수 있도록 온라인과 오프라인 시스템을 연결해야 합니다. 특히 배달 및 테이크아웃 메뉴를 운영하는 경우, 고객이 원하는 방식으로 주문을 처리할 수 있도록 유연한 시스템이 필요합니다.

네 번째는 데이터 기반 마케팅입니다. 온라인에서 수집한 고객 데이터를 활용해 개인화된 오프라인 경험을 제공할 수 있습니다. 예를 들어, 고객의 선호 메뉴 데이터를 기반으로 맞춤형 추천을 제공하거나, 특정 고객층을 대상으로 오프라인 이벤트를 기획할 수 있습니다.

성공적인 연계 사례

한 프리미엄 디저트 브랜드는 온라인에서 새로운 메뉴 출시를 소셜미디어를 통해 알리고, 매장 방문 시 해당 메뉴를 경험할 수 있는 무료 시식을 제공하는 이벤트를 진행했습니다. 이를 통해 온라인에서는 높은 관심을 유도하고, 오프라인에서는 방문 고객을 실제 구매로 전환시키는 성과를 얻었습니다.

또 다른 사례로는, 한 외식 브랜드가 고객에게 QR 코드를 제공해, 매장에서 받은 할인 쿠폰을 온라인 주문에 적용하도록 유도했습니다. 이 전략은 고객이 온 · 오프라인 모두에서 브랜드를 경험하도록 장려했습니다.

온·오프라인 연계의 기대 효과

온 · 오프라인 연계는 다음과 같은 효과를 기대할 수 있습니다.

- 고객의 구매 여정을 자연스럽게 연결해 전환율을 높임.
- 브랜드의 인지도를 확장하고, 고객 충성도를 강화함.
- 고객 데이터를 활용해 개인화된 서비스를 제공함으로써 고객 만족도를 향상시킴.
- 온 · 오프라인에서 발생하는 매출 간 균형을 유지하며 안정적인 성장을 지원.

결국, 온 · 오프라인 마케팅의 연계는 외식 브랜드가 고객 기대를 충족하고, 경쟁 시장에서 차별화되는 핵심 전략입니다. 일관된 브랜딩과 고객 경험을 제공하며, 두 채널의 강점을 융합해 시너지를 극대화해야 합니다. 외식업 프로듀서는 이러한 전략을 통해 고객과 지속적으로 소통하며, 브랜드 가치를 높여야 합니다.

26. 고객 리뷰와 SNS 바이럴 마케팅

현대 외식업 시장에서 고객 리뷰와 SNS 바이럴 마케팅은 브랜드를 성공적으로 홍보하고 고객을 확보하는 데 핵심적인 역할을 합니다. 온라인에서 고객의 리뷰는 다른 소비자의 신뢰를 얻는 강력한 도구로 작용하며, SNS는 빠르고 넓게 메시지를 확산시키는 효과적인 플랫폼입니다. 이 두 가지 요소를 적절히 활용하면 매장의 입지를 강화하고 신규 고객을 유치할 수 있습니다.

고객 리뷰의 중요성

고객 리뷰는 브랜드의 신뢰도를 형성하는 데 중요한 역할을 합니다. 특히 음식점 선택에 있어 많은 고객은 리뷰를 기반으로 결정을 내립니다. 긍정적인 리뷰는 브랜드의 신뢰도를 높이고, 부정적인 리뷰는 고객 피드백을 통해 개선할 수 있는 기회를 제공합니다.

리뷰 관리의 체계화가 필요합니다. 고객이 리뷰를 남길 수 있도록 유도하는 동시에, 리뷰에 대한 적절한 응답을 통해 고객과 소통해야 합니다. 예를 들어, 긍정적인 리뷰에는 감사를 표하고, 부정적인 리뷰에는 개선 의지를 보여주는 답변을 제공함으로써 브랜드 이미지를 관리할 수 있습니다.

리뷰 요청 전략을 활용해야 합니다. 방문 후 고객에게 리뷰를 요청하는 간단한 메시지나 인센티브(예: 할인 쿠폰 제공)를 통해 리뷰를 효과적으로 수집할 수 있습니다. 이는 리뷰 수를 증가시키고, 브랜드의 신뢰도를 높이는 데 기여합니다.

SNS 바이럴 마케팅의 효과

SNS 바이럴 마케팅은 브랜드의 메시지가 빠르고 자연스럽게 확산되도록 돕는 마케팅 전략입니다. 고객의 참여와 공유를 유도함으로써 광고 비용 대비 높은 효과를 얻을 수 있습니다.

콘텐츠의 재미와 유용성을 높이는 것이 중요합니다. 고객이 좋아하고 공유하고 싶어 하는 콘텐츠를 제작해야 합니다. 예를 들어, 매장의 시그니처 메뉴 조리 과정을 감각적으로 촬영한 영상이나, 고객이 쉽게 따라 할 수 있는 레시피를 제공하는 콘텐츠는 높은 참여율을 이끌어낼 수 있습니다.

캠페인과 해시태그 활용을 고려해야 합니다. 특정 이벤트나 캠페인을 SNS에 알리고, 고객이 브랜드 관련 해시태그를 사용해 게시물을 공유하도록 유도하면 자연스러운 바이럴 효과를 얻을 수 있습니다. 예를 들어, "우리 매장에서 찍은 사진에 브랜드명 해시태그를 달고 공유하면 특별 할인 제공"과 같은 이벤트가 효과적입니다.

인플루언서와 협업을 통해 신뢰와 도달 범위를 확장할 수 있습니다. 지역 기반의 마이크로 인플루언서와 협업하면 적은 비용으로도 타깃 고객에게 효과적으로 브랜드를 알릴 수 있습니다.

성공적인 리뷰와 SNS 활용 사례

한 로컬 레스토랑은 고객 방문 후 리뷰를 작성하면 디저트를 무료로 제공하는 프로모션을 진행했습니다. 이로 인해 리뷰 수가 단기간에 크게 증가했으며, 긍정적인 리뷰는 신규 고객의 방문율을 높이는 데 기여했습니다.

또한, 한 프랜차이즈 브랜드는 고객들이 매장에서 찍은 사진을 공유하도록 장려하며, 매월 최고의 사진을 선정해 상품을 제공했습니다. 이 전략은 SNS에서 브랜드 관련 게시물이 폭발적으로 증가하는 결과를 가져왔습니다.

고객 리뷰와 SNS 마케팅의 시너지 효과

고객 리뷰와 SNS 마케팅은 상호 보완적인 관계를 가지고 있습니다. 리뷰는 브랜드의 신뢰도를 강화하며, SNS는 리뷰를 확산시키는 데 기여합니다. 이 두 가지 요소를 효과적으로 통합하면 고객의 참여를 유도하고, 브랜드의 인지도를 지속적으로 확장할 수 있습니다.

결론적으로 고객 리뷰와 SNS 바이럴 마케팅은 현대 외식 브랜드가 성공적으로 자리 잡기 위한 핵심 전략입니다. 리뷰를 통해 브랜드의 신뢰를 쌓고, SNS를 통해 메시지를 확산시키며, 고객과의 관계를 강화하는 방향으로 마케팅 활동을 설계해야 합니다. 외식업 프로듀서는 이러한 도구를 활용해 지속 가능한 브랜드 성장을 이루어야 합니다.

27. 충성 고객을 확보하는 이벤트와 캠페인

외식업 브랜드의 지속 가능성과 안정적인 매출을 확보하기 위해서는 충성 고객을 확보하는 것이 필수적입니다. 충성 고객은 브랜드를 반복적으로 이용할 뿐 아니라 주변에 긍정적인 입소문을 퍼뜨려 신규 고객 유치에도 기여합니다. 이러한 고객을 확보하기 위해 효과적인 이벤트와 캠페인을 기획하고 실행하는 것은 매우 중요합니다.

충성 고객 확보의 중요성

충성 고객은 매출의 안정성을 보장합니다. 이들은 브랜드와의 감정적 유대감을 바탕으로 지속적으로 방문하며, 단순히 가격이나 접근성 때문이 아니라 브랜드의 가치를 인정하고 소비합니다. 또한, 충성 고객은 이벤트와 캠페인의 주요 참여자로, 이들의 참여는 캠페인의 성공 여부에 큰 영향을 미칩니다.

충성 고객을 위한 이벤트와 캠페인 전략

멤버십 프로그램 도입이 효과적입니다. 포인트 적립, 멤버십 등

급별 혜택, 특별 할인 등을 제공하는 멤버십 프로그램은 고객의 재방문을 유도하고 브랜드에 대한 충성도를 강화할 수 있습니다. 예를 들어, 방문 횟수나 소비 금액에 따라 할인 쿠폰이나 무료 메뉴를 제공하는 방식이 있습니다.

이벤트와 캠페인의 개인화가 중요합니다. 고객 데이터를 활용하여 생일 축하 메시지와 함께 할인 혜택을 제공하거나, 특정 고객의 선호 메뉴를 기반으로 맞춤형 프로모션을 제안하면 고객 만족도가 크게 향상됩니다.

소셜 미디어 캠페인을 통해 충성 고객과의 연결을 강화할 수 있습니다. 예를 들어, "우리 매장에서의 특별한 순간을 공유하세요"라는 주제로 고객 참여형 이벤트를 진행하면 고객이 브랜드에 대해 감정적 애착을 느끼게 됩니다. 이와 함께, 공유한 게시물 중 우수 콘텐츠를 선정해 경품을 제공하면 캠페인의 참여율을 높일 수 있습니다.

성공적인 충성 고객 확보 사례

한 로컬 브런치 카페는 멤버십 프로그램을 통해 방문 5회마다 무료 커피를 제공하는 이벤트를 진행했습니다. 이 단순한 구조의 멤버십은 고객의 재방문율을 크게 높였으며, 신규 고객이 멤버십 혜택을 통해 충성 고객으로 전환되는 효과를 가져왔습니다.

또 다른 사례로, 한 레스토랑은 특정 계절에 맞춘 요리 경연 대회를 개최했습니다. 고객들이 자신의 요리 아이디어를 제출하고, 선정된 아이디어는 레스토랑의 메뉴로 출시되었습니다. 이 캠페인은 고객의 참여와 브랜드에 대한 충성도를 동시에 높이는 성공적인 사례로 평가받았습니다.

충성 고객 유지를 위한 지속적인 활동

충성 고객 확보는 일회성 이벤트로 끝나지 않고, 지속적인 관리와 관계 구축이 필요합니다. 이를 위해 정기적인 소통과 특별 혜택 제공이 필수적입니다. 예를 들어, 정기적으로 발송하는 뉴스레터에 특별 프로모션 코드를 포함하거나, 고객과의 소통을 위한 전용 핫라인을 운영하는 방식이 효과적입니다.

결론적으로 충성 고객은 브랜드의 성공과 장기적인 성장을 가능하게 만드는 핵심 자산입니다. 그들을 위한 효과적인 이벤트와 캠페인을 기획하고, 이를 통해 고객과의 유대감을 강화하면 외식업 브랜드는 지속 가능한 경쟁력을 확보할 수 있습니다. 외식업 프로듀서는 이러한 충성 고객 확보 전략을 통해 브랜드의 가치를 극대화해야 합니다.

고객 경험 설계

10

CHAPTER

28. 고객의 감각을 자극하는 경험 설계

외식업은 단순히 음식을 제공하는 것을 넘어, 고객에게 특별한 경험을 제공하는 산업으로 진화하고 있습니다. 고객이 매장을 방문했을 때 느끼는 모든 감각적 경험은 브랜드에 대한 인식과 충성도로 이어집니다. 따라서 고객의 시각, 청각, 후각, 미각, 촉각 등 다섯 가지 감각을 자극하는 경험 설계는 외식업 프로듀서의 중요한 역할 중 하나입니다.

감각적 경험 설계의 중요성

고객이 매장에서 느끼는 경험은 음식의 맛뿐 아니라 매장 분위기, 서비스, 디자인 등 다양한 요소에서 형성됩니다. 감각적 경험이 긍정적일수록 고객은 브랜드에 대해 더 강렬한 인상을 받게 되며, 이는 재방문과 입소문으로 이어질 가능성이 높습니다.

감각적 경험 설계의 핵심 요소

시각적으로 브랜드 정체성을 담은 디자인이 중요합니다. 매장의 인테리어와 메뉴판, 로고 디자인은 고객의 시각적 만족도를 결정짓는 핵심 요소입니다. 예를 들어, 자연친화적인 브랜드라면 녹색 계열의 인테리어와 나무 소재를 활용한 가구를 배치하여 브랜드 아이덴티티를 강조할 수 있습니다. 조명 또한 중요합니다. 따뜻한 색조의 조명은 고객에게 아늑한 느낌을 주며, 차가운 색조는 세련된 분위기를 연출할 수 있습니다.

청각을 고려하여 매장의 배경음악과 소리가 중요합니다. 적절한 배경음악은 고객의 심리를 안정시키고 매장의 분위기를 조성하는 데 중요한 역할을 합니다. 예를 들어, 캐주얼한 카페에서는 잔잔한 재즈 음악을, 활기찬 분위기의 레스토랑에서는 경쾌한 팝 음악을 선택하는 것이 효과적입니다. 또한, 주방에서 들리는 음식 준비 소리나 커피 내리는 소리도 고객에게 매력적인 감각적 경험을 제공합니다.

후각을 자극하는 매력을 더하는 향기가 필요합니다. 고객이 매장에 들어섰을 때 느끼는 첫 번째 향은 매장의 인상을 결정짓는 중요한 요소입니다. 커피 전문점에서는 갓 내린 커피의 향, 베이커리에서는 갓 구운 빵의 향이 고객을 매료시킬 수 있습니다. 후각은 감정과 기억을 자극하기 때문에 브랜드의 특별한 정체성을 나타내는 향을 만드는 것도 전략적으로 유리합니다.

미각적으로 음식과 음료의 품질이 중요합니다. 미각적 경험은 외식업의 핵심입니다. 메뉴 개발 시, 고객의 다양한 입맛을 만족시키는 동시에 브랜드만의 시그니처 맛을 강조해야 합니다. 또한, 음식의 플레이팅은 미각과 함께 시각적 즐거움도 제공하므로, 색감과 배치에 세심한 주의를 기울여야 합니다.

촉각 관점에서 매장에서의 물리적 경험이 중요합니다. 고객이 사용하는 식기, 의자, 테이블 등의 촉감도 경험 설계의 중요한 요소입니다. 예를 들어, 고급 레스토랑에서는 무게감 있는 식기와 부드러운 감촉의 냅킨을 사용하는 것이 고객의 고급스러운 경험을 강화할 수 있습니다. 반대로 캐주얼한 매장에서는 실용적이고 가벼운 소재를 사용할 수 있습니다.

성공적인 감각적 경험 설계 사례

한 프리미엄 스테이크 전문점은 조명과 음악을 활용해 특별한 경험을 설계했습니다. 조명을 낮춰 고객이 음식에 집중할 수 있도록 하고, 클래식 음악을 배경으로 사용하여 고급스러운 분위기를 연출했습니다. 또한, 스테이크가 구워지는 향을 매장 전체에 퍼지게 하여 고객의 입맛을 돋우었습니다.

또 다른 사례로, 한 디저트 카페는 시각적 요소를 강화하기 위해 독특한 플레이팅과 화려한 색감을 가진 디저트를 제공했습니다. 이를 SNS에서 홍보하며 고객의 자발적인 입소문을 유도한 결과, 매장의 방문율이 크게 증가했습니다.

감각적 경험 설계를 위한 실천 방안

- **고객 분석:** 타깃 고객의 취향과 기대를 파악하여 감각적 경험 설계를 맞춤화합니다.

- **테스트와 피드백:** 매장의 분위기와 요소를 테스트하고, 고객 피드백을 반영하여 개선합니다.

- **브랜드 일관성 유지:** 감각적 경험이 브랜드 정체성과 조화를 이루도록 설계합니다.

결론적으로 고객의 감각을 자극하는 경험 설계는 단순한 외형적 요소를 넘어, 브랜드의 가치를 전달하고 고객과의 정서적 유대감을 형성하는 강력한 도구입니다. 외식업 프로듀서는 이러한 감각적 요소를 종합적으로 고려하여 고객이 브랜드와 특별한 관계를 형성하도록 설계해야 합니다.

29. 대기 시간과 공간을 활용한 브랜딩

대기 시간은 고객 경험을 설계하는 데 있어 중요한 변수입니다. 고객에게 단순히 기다림의 시간이 아니라 브랜드와 연결되는 가치 있는 순간으로 인식될 수 있도록 대기 공간과 시간을 설계하는 것은 외식업 브랜딩 전략에서 매우 중요한 요소입니다. 적절히 설계된 대기 공간은 브랜드 이미지 향상, 고객 충성도 증가, 긍정적인 첫인상을 형성하는 데 기여할 수 있습니다.

대기 시간의 브랜드화 중요성

대기 시간은 외식업체에서 흔히 발생하는 상황이지만, 이를 고객 만족도로 전환시키는 데 성공한다면 브랜드의 차별성을 강화할 수 있습니다. 특히, 고객이 대기 시간 동안 브랜드 철학과 가치를 느끼고 경험할 수 있도록 설계된 공간은 강력한 홍보 도구로 작용할 수 있습니다. 고객은 매장의 혼잡함을 불편함으로 느끼기보다, 브랜드와 더욱 긴밀히 연결되는 시간으로 받아들일 수 있습니다.

대기 공간 설계의 핵심 요소

브랜드 정체성을 반영한 인테리어와 디자인을 해야 합니다. 대기 공간은 브랜드 정체성을 반영하는 첫 번째 접점입니다. 공간 디자인은 고객에게 브랜드가 어떤 철학과 가치를 지니고 있는지 전달하는 역할을 합니다. 예를 들어, 자연 친화적인 브랜드라면 대기 공간에 식물을 배치하고 자연광을 활용하는 등 고객에게 브랜드의 철학을 시각적으로 느끼게 해야 합니다.

- **컬러와 텍스처:** 브랜드의 로고 색상과 조화를 이루는 벽지, 가구, 소품 등을 활용해 통일감을 줍니다.

- **스토리텔링 요소:** 대기 공간의 벽면이나 디지털 스크린을 활용해 브랜드의 역사, 철학, 또는 고객 후기 등을 시각화할 수 있습니다.

고객 참여형 콘텐츠 제공이 필수입니다. 고객이 대기 시간을 유익하게 보낼 수 있는 콘텐츠를 제공하면, 단순히 시간을 때우는 것이 아니라 브랜드와의 유대감을 형성할 수 있습니다.

- **디지털 인터랙션:** 키오스크나 터치 스크린을 통해 브랜드의 메뉴 추천, 특별 프로모션, 또는 퀴즈를 제공해 대기 시간을 흥미롭게 만들어 줍니다.

- **포토존과 SNS 연계:** 브랜드 로고와 테마를 활용한 포토존은 고객이 대기 시간 동안 사진을 찍고 SNS에 공유하도록 유도하여 자연스러운 바이럴 마케팅 효과를 기대할 수 있습니다.

편안함과 기능성을 고려해야 합니다. 대기 공간은 고객이 편안하게 기다릴 수 있는 환경이어야 합니다.

- **편안한 좌석 배치:** 공간을 활용해 혼잡함을 최소화하고, 소파나 쿠션 등으로 고객의 피로를 덜어줍니다.

- **충전 스테이션과 Wi-Fi:** 스마트폰 사용이 보편화된 시대에 충전 스테이션과 안정적인 Wi-Fi 제공은 필수적입니다.

대기 시간을 브랜드 경험으로 전환하는 방법

브랜드 제품 체험 기회를 제공해야 합니다. 대기 중 무료 샘플링이나 시그니처 음료를 제공하면 고객이 브랜드의 품질을 직접 체험하게 됩니다. 이는 긍정적인 첫인상을 남기고 자연스럽게 구매 욕구를 자극할 수 있습니다.

교육적 또는 오락적 요소를 포함해야 합니다. 대기 공간에 브랜드와 관련된 교육적 콘텐츠나 오락 요소를 추가하면 고객의 시간을 가치 있는 경험으로 전환할 수 있습니다. 예를 들어, 커피 전문점이라면 커피 원두의 생산 과정과 차별화된 추출 방식을 시각적으로 설명하는 디스플레이를 배치할 수 있습니다.

현장 이벤트와 소통을 강화해야 합니다. 대기 시간 동안 간단한 퀴즈 이벤트나 SNS 해시태그 참여 이벤트를 진행하면 고객은 참여를 통해 브랜드와 더욱 친밀한 관계를 형성할 수 있습니다. 이를 통해 대기 시간이 단순히 지루한 기다림이 아닌 즐거운 경험으로 변모합니다.

성공 사례로 배우는 전략

한 프리미엄 베이커리 카페는 대기 공간에서 갓 구운 빵의 제작 과정을 보여주는 오픈 베이킹 스테이션을 운영했습니다. 고객은 빵이 구워지는 과정을 직접 보며 신선함을 체감할 수 있었고, 이 경험은 고객의 대기 시간 만족도와 구매 전환율을 크게 높였습니다.

한 글로벌 패스트푸드 브랜드는 대기 중 고객이 대형 디지털 화면을 통해 게임에 참여할 수 있는 시스템을 도입했습니다. 고객은 게임 점수에 따라 무료 음료 쿠폰을 받을 수 있었고, 이는 고객 만족도와 재방문율을 동시에 높이는 결과를 가져왔습니다.

대기 시간 활용을 위한 실천 방안

- **공간 설계의 차별화:** 브랜드 정체성을 강화하는 테마로 공간을 설계하고, 고객에게 브랜드의 가치를 전달할 수 있는 요소를 포함합니다.

- **고객 참여 강화:** 디지털 키오스크, 모바일 앱, 또는 현장 이벤트를 통해 고객이 대기 시간을 브랜드 경험의 일부로 느끼게 만듭니다.

- **정기적인 피드백 수집:** 고객의 피드백을 기반으로 대기 공간과 시간을 지속적으로 개선합니다.

결론적으로 대기 시간은 고객의 브랜드 경험을 설계하는 중요한 기회입니다. 대기 공간과 시간을 효과적으로 활용하면 브랜드 이미지를 강화하고, 고객과의 긍정적인 관계를 형성할 수 있습니다. 외식업 프로듀서는 이 시간을 단순한 대기가 아니라 브랜드와 고객이 연결되는 특별한 순간으로 전환함으로써 브랜드의 경쟁력을 높일 수 있습니다.

30. 고객 피드백을 반영한 지속적 개선

고객 피드백은 외식업체의 서비스와 운영을 개선하는 가장 중요한 자원 중 하나입니다. 고객이 제공하는 의견과 평가를 효과적으로 분석하고 반영하면, 브랜드는 변화하는 소비자 기대에 발맞추어 발전할 수 있습니다. 지속적인 개선은 단순히 고객의 불만을 해결하는 것을 넘어, 고객 경험을 혁신적으로 향상시키는 기회가 됩니다. 이는 브랜드 신뢰를 높이고, 재방문율을 증가시키며, 궁극적으로 장기적인 성공을 이끌어냅니다.

고객 피드백의 중요성

고객 피드백은 매장 운영의 강점과 약점을 파악하는 데 중요한 역할을 합니다.

- **문제 식별:** 고객의 불만 사항은 매장의 서비스나 제품에서 개선이 필요한 부분을 명확히 보여줍니다.

- **기회 발견:** 긍정적인 피드백은 브랜드가 강화할 수 있는 요소를 확인하게 해줍니다. 예를 들어, 고객이 특정 메뉴를 칭찬한

다면 이를 시그니처 메뉴로 발전시킬 수 있습니다.

- **브랜드 충성도 강화:** 고객의 의견을 적극 반영하면 고객은 자신의 의견이 존중받는다고 느끼며, 브랜드에 대한 충성도가 높아집니다.

효과적인 피드백 수집 방법

고객 피드백을 효과적으로 활용하려면, 다양한 채널을 통해 정기적으로 의견을 수집해야 합니다.

■ 설문조사

매장 내 QR 코드를 활용하거나, 온라인 설문조사를 통해 고객 의견을 수집할 수 있습니다. 설문은 간결하면서도 구체적인 질문으로 구성해야 합니다.

예: "메뉴의 다양성에 대해 어떻게 생각하십니까?", "직원의 서비스가 만족스러웠나요?"

■ 리뷰 플랫폼 활용

구글 리뷰, 네이버 플레이스, 트립어드바이저 등의 리뷰 플랫폼은 고객 피드백의 중요한 소스입니다. 리뷰에 대한 신속하고 성실한 답변은 고객과의 신뢰를 형성하는 데 기여합니다.

■ 직원과의 직접 소통

고객이 매장을 떠나기 전 간단히 대화를 나누는 것도 효과적인 방법입니다. 직원들이 고객의 표정과 말투를 통해 피드백을 즉각적으로 확인할 수 있습니다.

■ SNS와 이메일

브랜드의 SNS 채널이나 이메일을 통해 고객과 소통하면서 의견을 수집합니다. SNS를 활용하면 고객이 자연스럽게 브랜드와 대화하도록 유도할 수 있습니다.

고객 피드백을 분석하는 방법

고객 피드백을 단순히 수집하는 것만으로는 부족합니다. 수집된 데이터를 체계적으로 분석하여 실행 가능한 인사이트를 도출해야 합니다.

정량적 분석을 해야 합니다. 설문조사나 리뷰의 점수를 분석하여 서비스 품질, 메뉴 만족도, 대기 시간 등에 대한 평균치를 산출합니다. 이를 통해 명확한 개선 지표를 설정할 수 있습니다.

정성적 분석을 해야 합니다. 리뷰나 의견에 담긴 텍스트 데이터를 분석하여, 자주 언급되는 키워드나 주제를 도출합니다. 예를 들어, "불친절", "대기 시간 길다" 등의 단어가 반복적으로 등장한다면 이를 해결할 우선순위로 삼아야 합니다.

트렌드 분석을 해야 합니다. 피드백 데이터를 시간대별, 계절별로 나누어 분석하여, 특정 시점이나 상황에서 발생하는 문제를 확인합니다.

고객 피드백을 반영한 개선 프로세스

피드백을 실행 가능한 결과로 전환하려면 체계적인 개선 프로세스가 필요합니다.

문제의 우선순위를 설정해야 합니다. 고객 피드백에서 나타난 문제를 중요도와 시급성에 따라 분류합니다. 고객의 안전과 직결되거나, 브랜드 이미지에 큰 영향을 미치는 문제를 최우선적으로 해결해야 합니다.

개선 계획을 수립해야 합니다. 문제를 해결하기 위한 구체적인 계획을 세웁니다. 예를 들어, "대기 시간이 길다"는 피드백을 받았다면, 주방 동선을 재조정하거나 직원 배치를 조정하는 등의 실행 방안을 수립해야 합니다.

개선 내용을 공지해야 합니다. 고객에게 피드백이 반영되었음을 알립니다. 이는 고객에게 브랜드가 의견을 존중하며, 개선을 위해 노력하고 있다는 긍정적인 인식을 심어줍니다. 예를 들어, 매장 내에 "고객님들의 소중한 의견을 반영하여 새로운 좌석 배치를 도입했습니다"라는 안내문을 게시할 수 있습니다.

피드백 후속 조치를 해야 합니다. 개선 조치가 효과적인지 확인하기 위해 지속적으로 모니터링합니다. 개선 후에도 동일한 피드백이 반복된다면, 다른 접근법이 필요할 수 있습니다.

성공 사례로 배우는 고객 피드백 활용법

한 글로벌 커피 체인은 고객 피드백을 바탕으로 음료 온도 조절 옵션을 추가했습니다. 이 개선은 고객의 다양한 니즈를 충족시켰을 뿐만 아니라, 매출 상승으로 이어졌습니다.

한 프리미엄 레스토랑은 고객 피드백을 통해 음식 제공 속도를 개선했습니다. 주방의 조리 프로세스를 표준화하고, 메뉴당 준비 시간을 엄격히 모니터링하여 고객의 불만을 해결했습니다.

지속적인 개선을 위한 실천 방안

- **정기적인 피드백 수집:** 피드백은 한 번의 이벤트가 아니라 지속

적인 과정이어야 합니다.

- **피드백 팀 구성:** 피드백을 전문적으로 관리할 팀을 구성하여, 고객 의견을 체계적으로 분석하고 실행에 옮깁니다.

- **성공 사례 공유:** 개선의 결과를 내부적으로 공유하여 직원들의 동기부여를 높입니다.

결론적으로 고객 피드백을 반영한 지속적 개선은 외식업체가 경쟁력을 유지하고, 고객과의 관계를 강화하는 데 필수적입니다. 이는 단순히 고객 불만을 해결하는 것을 넘어, 브랜드 가치를 향상시키고, 고객 경험을 진화시키는 과정입니다. 외식업 프로듀서는 피드백을 데이터로 보고, 이를 기반으로 실질적인 개선을 이루는 데 주력해야 합니다.

PART 3

나만의 외식 브랜드 설계하기

나만의 외식 브랜드를 만드는 8단계

11

CHAPTER

31. 브랜드 콘셉트부터 운영 시스템까지 단계별 가이드

외식 브랜드를 성공적으로 설계하고 운영하려면 브랜드 콘셉트에서부터 운영 시스템에 이르기까지 체계적인 접근이 필요합니다. 각 단계는 서로 밀접하게 연결되어 있으며, 이를 일관성 있게 실행하는 것이 성공의 핵심입니다. 이 장에서는 외식업 프로듀서가 브랜드를 설계하고 운영 시스템을 구축할 때 따라야 할 단계별 가이드를 제시합니다.

1단계: 브랜드 콘셉트 개발

브랜드 콘셉트는 외식 브랜드의 정체성을 형성하는 기본 요소입니다.

고객이 브랜드를 기억하고 선택하는 데 결정적인 역할을 하기 때문에 구체적이고 독창적인 콘셉트 개발이 중요합니다.

- **브랜드 미션과 비전 정의:** 브랜드가 해결하려는 고객의 문제와 제공하려는 가치를 명확히 설정합니다. 예를 들어, "지역 농

산물로 만든 건강한 한 끼"라는 미션은 고객의 관심을 끌 수 있는 구체적인 방향성을 제공합니다.

- **타깃 고객 분석:** 연령, 소득 수준, 라이프스타일 등 고객 세분화를 통해 타깃층에 맞는 콘셉트를 개발합니다.

예: 젊은 직장인을 타깃으로 한 빠르고 건강한 샐러드 바.

- **스토리텔링과 차별화 요소:** 브랜드의 기원, 메뉴의 독창성, 운영 철학 등을 통해 고객의 감정을 자극합니다.

예: "조부모님 농장에서 영감을 받아 만든 특별한 메뉴"

2단계: 메뉴 설계와 최적화

브랜드 콘셉트에 맞는 메뉴를 설계하고 이를 최적화하여 효율성을 극대화합니다.

- **핵심 메뉴 선정:** 브랜드의 정체성을 잘 표현하는 시그니처 메뉴를 중심으로 메뉴를 구성합니다.

예: 화덕에서 구운 피자 전문점은 다양한 토핑을 가진 피자 중심의 메뉴로 제한.

- **가격 전략 수립:** 원가 분석을 통해 적절한 가격대를 설정합니

다. 고객이 느끼는 가치를 반영하여 프리미엄 메뉴와 가성비 메뉴를 조화롭게 배치합니다.

- **조리 프로세스 표준화:** 모든 직원이 일관된 품질로 메뉴를 제공할 수 있도록 레시피와 조리 과정을 문서화하고 교육합니다.

3단계: 상권 분석과 입지 선정

매장의 공간과 디자인은 고객 경험에 직접적인 영향을 미치며, 브랜드의 정체성을 강화하는 중요한 요소입니다. 공간 효율성과 미적 요소를 조화롭게 설계하여 고객이 매장에 머무르고 싶게 만드는 환경을 만듭니다.

- **브랜드 정체성을 반영한 인테리어:** 브랜드의 콘셉트를 시각적으로 표현하는 인테리어 디자인을 적용합니다.

  예: "자연 친화적인 브랜드"라면 우드 소재와 녹색 식물을 활용한 따뜻한 분위기 조성.

- **고객 동선 최적화:** 고객이 매장 내에서 편리하게 이동할 수 있도록 동선을 설계합니다.

  예: 입구에서 메뉴판 확인 후 주문 카운터, 테이블로 자연스럽게 이동하는 구조.

- **공간 활용 극대화:** 매장의 크기에 맞게 테이블 배치와 좌석 수를 효율적으로 조정하여 수익성을 높입니다.

  예: 혼자 방문한 고객을 위한 카운터석과 단체 고객을 위한 공간 구분.

4단계: 상권 분석과 입지 선정

상권은 브랜드 성공에 직접적인 영향을 미칩니다. 데이터 기반으로 상권을 분석하고, 고객 접근성이 높은 입지를 선정합니다.

- **고객 밀집도와 유동인구 분석:** 데이터 기반으로 주요 고객이 많이 모이는 지역을 파악합니다.

  예: 대학가 주변, 대형 쇼핑몰 근처.

- **경쟁 분석:** 경쟁 브랜드의 강점과 약점을 파악하고, 차별화된 입지를 설정합니다.

  예: 커피 전문점이 많은 지역에서는 디저트와 음료를 결합한 콘셉트가 효과적일 수 있습니다.

- **임대 비용과 매장 크기 평가:** 예산 내에서 가장 높은 수익을 낼 수 있는 입지를 선택합니다.

5단계: 매장 설계와 운영 시스템 구축

고객 경험을 최적화할 수 있는 매장 구조와 시스템을 설계합니다.

- **공간 효율성 극대화:** 주방 동선과 고객 동선을 최적화하여 운영 효율성을 높입니다.

  예: 오픈 키친 구조를 도입하여 고객의 흥미를 유발하면서도 주방과 홀 간의 소통을 원활히 유지.

- **운영 매뉴얼 제작:** 매장 운영, 고객 응대, 위생 관리 등을 포함한 체계적인 매뉴얼을 작성합니다.

  예: "고객 불만 응대 프로세스" 매뉴얼

- **디지털 시스템 도입:** POS 시스템, 재고 관리 시스템, 예약 관리 시스템 등을 통해 운영의 효율성을 극대화합니다.

6단계: 지속적인 성과 분석과 개선

효과적인 마케팅과 홍보는 브랜드 인지도를 높이고 고객의 관심을 끌어 매출로 연결하는 핵심 전략입니다. 온라인과 오프라인 채널을 연계하여 브랜드 메시지를 전달합니다.

- **소셜 미디어 콘텐츠 제작**: 인스타그램, 페이스북, 유튜브 등의 플랫폼에서 브랜드의 매력을 시각적으로 표현한 콘텐츠를 업로드합니다.

  예: "오늘의 추천 메뉴" 또는 "조리 과정 영상"을 활용한 정기적인 게시물.

- **로컬 이벤트 및 프로모션**: 매장 근처 지역사회를 타겟으로 한 이벤트를 기획하여 고객을 유도합니다.

  예: "오픈 기념 할인 행사" 또는 "지역 특산물을 활용한 한정 메뉴 출시".

- **입소문 마케팅 강화**: 고객 후기와 추천을 유도하여 자연스러운 입소문을 확대합니다.

  예: "고객 포토 콘테스트"를 열어 SNS에 브랜드 해시태그와 사진 공유를 유도.

7단계: 고객 경험 설계

고객이 브랜드와 상호작용하는 모든 과정에서 긍정적인 경험을 제공하는 것이 중요합니다. 고객의 기대를 초과하는 경험을 설계하여 재방문율을 높입니다.

- **환영과 환송의 서비스**: 매장을 방문한 고객에게 따뜻한 환영과 친절한 배웅을 제공하여 긍정적인 첫인상을 만듭니다.

  예: 고객 이름을 부르며 맞이하거나 작은 선물을 제공.

- **고객 맞춤형 경험 제공**: 고객의 선호도를 기록하여 다음 방문 시 맞춤형 서비스를 제공합니다.

  예: 단골 고객을 위한 음료 서비스 또는 생일 기념 쿠폰 제공.

- **현장 경험의 디지털화**: 모바일 예약 시스템, QR 코드 메뉴판 등을 도입하여 고객 편의성을 증대합니다.

  예: 대기 시간을 단축시키는 실시간 테이블 예약 시스템.

- **피드백 수집과 반영**: 고객의 의견을 적극적으로 수렴하고, 이를 통해 서비스와 메뉴를 개선합니다.

  예: 테이블마다 피드백 QR 코드를 배치하거나, 설문 참여 고객에게 작은 혜택 제공.

8단계: 지속적인 성과 분석과 개선

운영 후 데이터를 기반으로 지속적으로 브랜드를 개선합니다.

- **매출 및 비용 분석:** 메뉴별 매출 비중, 원가율, 고객 단가 등 주요 지표를 분석하여 개선 방향을 설정합니다.

- **고객 피드백 수집:** 고객 리뷰와 설문조사를 통해 브랜드의 강점과 약점을 파악합니다.

- **신메뉴와 서비스 개선:** 고객 피드백을 반영한 신메뉴 출시와 서비스 개선으로 브랜드의 신선함을 유지합니다.

결론적으로 브랜드 콘셉트부터 운영 시스템까지 체계적으로 설계된 외식 브랜드는 고객의 신뢰와 충성도를 얻을 수 있습니다. 단계별로 꼼꼼히 준비하고 실행한다면 외식업의 경쟁이 치열한 시장에서도 브랜드를 성공적으로 자리 잡게 할 수 있습니다. 외식업 프로듀서로서 이 가이드를 적극 활용하여 독창적이고 성공적인 브랜드를 설계해 보십시오.

위 내용은 각 단계의 세부 사항을 체계적으로 작성한 것으로, 브랜드 설계와 운영 과정에 구체적으로 활용할 수 있습니다.

32. 체크리스트와 실습 템플릿 제공

외식업 브랜드를 성공적으로 설계하고 운영하기 위해서는 모든 과정에서 체계적인 점검과 실습이 필요합니다. 이를 위해 단계별 체크리스트와 실습 템플릿을 활용하면 작업의 일관성과 효율성을 높일 수 있습니다. 이 장에서는 외식업 프로듀서가 사용할 수 있는 체크리스트와 실습 템플릿의 구체적인 활용 방법을 제시합니다.

체크리스트의 중요성

체크리스트는 각 단계를 체계적으로 점검하고, 누락된 작업을 최소화하며, 목표를 달성하기 위해 반드시 필요한 도구입니다.

- **작업의 일관성 유지:** 복잡한 외식업 설계 과정에서 동일한 기준으로 작업을 진행할 수 있도록 도와줍니다.

- **문제 발견과 해결:** 진행 중 누락된 작업이나 예상치 못한 문제를 조기에 발견하고 수정할 수 있습니다.

- **효율적인 시간 관리:** 각 단계의 진행 상황을 시각적으로 확인하여 작업의 우선순위를 조정할 수 있습니다.

실습 템플릿의 활용

실습 템플릿은 작업자가 쉽게 따라할 수 있도록 구조화된 양식을 제공합니다.

이를 활용하면 작업 속도를 높이고, 복잡한 프로세스를 단순화할 수 있습니다.

- **템플릿의 유형:** 브랜드 콘셉트, 메뉴 설계, 상권 분석, 운영 시스템 등 다양한 영역별 템플릿을 준비합니다.

- **활용 사례:** 예를 들어, 브랜드 콘셉트 개발 템플릿에는 "미션", "비전", "고객 세그먼트", "스토리텔링 요소" 항목이 포함될 수 있습니다.

단계별 체크리스트

1. 브랜드 콘셉트 설계 체크리스트

- 브랜드 미션과 비전을 명확히 정의했는가?
- 주요 타깃 고객층을 분석했는가?
- 차별화된 스토리와 아이덴티티를 설정했는가?

2. 메뉴 개발 체크리스트

- 시그니처 메뉴와 서브 메뉴를 구성했는가?
- 메뉴별 원가율과 가격 전략을 수립했는가?
- 메뉴 조리법과 비주얼 스타일링을 표준화했는가?

3. 상권 분석 체크리스트

- 지역의 고객 밀집도와 유동인구를 조사했는가?
- 경쟁 매장의 위치와 강점을 분석했는가?
- 입지 선정 기준을 명확히 정했는가?

4. 운영 시스템 설계 체크리스트

- 효율적인 주방 동선과 매장 구조를 설계했는가?

- 매장 운영 매뉴얼을 작성했는가?
- POS와 재고 관리 시스템을 도입했는가?

5. 마케팅 전략 체크리스트

- 브랜드 정체성을 반영한 로고와 슬로건을 제작했는가?
- 소셜 미디어 콘텐츠 전략을 수립했는가?
- 온 · 오프라인 마케팅 채널을 통합했는가?

실습 템플릿의 예시

1. 브랜드 콘셉트 템플릿

- 미션:
  (예: 고객에게 신선하고 건강한 음식을 제공하는 것을 목표로 합니다.)
- 비전:
  (예: 5년 내 지역 대표 브랜드로 자리 잡는다.)
- 스토리텔링 요소:
  (예: 지역 농부와 협력하여 재료를 직접 공수한다.)

2. 메뉴 설계 템플릿

- 메뉴 이름:
- 조리 방법:
- 원가:
- 판매 가격:
- 비주얼 설명(사진 또는 일러스트):

3. 상권 분석 템플릿

- 유동인구:
- 주요 고객층:
- 경쟁 매장:
- 매장 크기와 임대료:

4. 마케팅 전략 템플릿

- 주요 채널:
  (예: 인스타그램, 블로그, 오프라인 이벤트)
- 콘텐츠 계획:
  (예: 매주 3회 메뉴 소개 포스팅)
- 캠페인 목표:
  (예: 한 달 내 신규 고객 20% 증가)

체크리스트와 템플릿을 활용한 성공 사례

서울에 위치한 한 개인 레스토랑은 초기 운영에서부터 모든 과정에 체크리스트와 템플릿을 활용했습니다.

이 과정에서 메뉴 설계 단계에서 놓치고 있던 원가율 문제를 발견하고, 가격 구조를 재조정하여 수익성을 높일 수 있었습니다. 또한, 상권 분석 템플릿을 활용해 경쟁 매장과 차별화된 입지를 선정할 수 있었습니다.

결론적으로 체크리스트와 실습 템플릿은 외식업 브랜드 설계의 효율성과 성공 가능성을 높이는 강력한 도구입니다. 이 도구를 적극적으로 활용하면 복잡한 작업을 체계적으로 수행할 수 있으며, 성공적인 외식 브랜드로 나아가는 기반을 다질 수 있습니다.

33. 외식업 프로듀서로서의 나만의 전략 수립

외식업 프로듀서로 성장하기 위해서는 자신의 강점과 전문성을 기반으로 한 독창적인 전략을 수립하는 것이 중요합니다. 나만의 전략은 단순히 기존 사례를 모방하는 것을 넘어, 변화하는 시장 환경과 고객의 요구를 창의적으로 반영한 접근 방식을 통해 브랜드의 차별화를 이루는 데 초점을 맞춥니다.

전략 수립의 핵심 원칙

첫째, 개인의 강점 분석입니다. 외식업 프로듀서로서 성공적인 전략을 수립하기 위해 먼저 자신의 강점과 경험을 분석해야 합니다. 예를 들어, 메뉴 개발에 강점이 있다면 독특한 시그니처 메뉴를 중심으로 전략을 구축할 수 있으며, 고객 경험 설계에 강하다면 공간과 서비스의 감각적인 연출을 강조하는 전략을 세울 수 있습니다.

둘째, 시장의 요구와 고객 니즈 반영입니다. 결과적인 전략은 시장의 요구와 고객의 니즈를 정확히 반영해야 합니다. 시장 조사를 통해 고객이 원하는 트렌드와 가치를 파악하고, 이를 브랜드의 핵심 콘셉트로 통합해야 합니다. 예를 들어, 고객이 건강한 식단을 선호한다면 로컬 식재료와 저칼로리 메뉴를 전략에 포함할 수 있습니다.

셋째, 실행 가능한 목표 설정입니다. 저략은 실현 가능해야 합니다. 이를 위해 단계별 목표를 설정하고, 각 목표를 달성하기 위한 구체적인 계획을 세워야 합니다. 단기적으로는 매출 증대, 중기적으로는 브랜드 이미지 강화, 장기적으로는 시장 내 선도적 위치 확보를 목표로 설정할 수 있습니다.

단계별 전략 수립 과정

1단계: 브랜드 아이덴티티 정의

성공적인 외식 브랜드를 설계하기 위해 가장 먼저 해야 할 일은 브랜드의 아이덴티티를 명확히 정의하는 것입니다. 브랜드의 미션, 비전, 핵심 가치를 정립하고, 이를 통해 브랜드가 고객에게 전달하고자 하는 메시지를 구체화해야 합니다.

2단계: 목표 고객층 선정

효과적인 전략은 명확한 목표 고객층을 기반으로 수립됩니다. 고객의 연령, 성별, 라이프스타일, 소비 패턴 등을 분석하여 브랜드가 타깃팅할 고객층을 결정합니다. 예를 들어, 젊은 세대를 타깃으로 한다면 SNS와 디지털 마케팅을 중심으로 한 전략을 강화해야 합니다.

3단계: 브랜드 차별화 전략

경쟁 브랜드와의 차별성을 확보하기 위해 독창적인 전략이 필요합니다. 이를 위해 고객 경험, 메뉴 구성, 공간 디자인 등에서 경쟁자가 따라오기 어려운 강점을 개발해야 합니다. 예를 들어, 독특한 스토리텔링을 기반으로 한 메뉴 구성이나 친환경적인 공간 디자인이 차별화 요소가 될 수 있습니다.

4단계: 실행 계획 수립

전략은 실행 없이는 의미가 없습니다. 구체적인 실행 계획을 수립하고, 이를 통해 단계적으로 목표를 달성합니다. 예를 들어, 메뉴 개발 단계에서는 레시피 표준화, 메뉴 시연, 고객 테스트 과정을 포함해야 합니다.

전략 실행을 위한 주요 요소

첫째, 데이터 기반 의사결정을 해야 합니다. 전략 수립과 실행 과정에서 데이터는 필수적인 요소입니다. 고객 피드백, 매출 데이터, 경쟁자 분석 등을 통해 객관적인 의사결정을 내리고, 전략을 지속적으로 조정해야 합니다.

둘째, 팀워크와 협업을 해야 합니다. 외식업 프로듀서는 브랜드 설계와 운영 과정에서 다양한 전문가와 협업해야 합니다. 주방 팀, 서비스 팀, 디자이너, 마케터 등 각 팀과의 협력을 통해 전략을 효과적으로 실행할 수 있습니다.

셋째, 지속적인 학습과 개선이 필요합니다. 외식업 시장은 빠르게 변화하기 때문에 프로듀서는 끊임없이 배우고 발전해야 합니다. 새로운 트렌드와 기술을 학습하고, 이를 전략에 반영하여 브랜드의 경쟁력을 유지해야 합니다.

나만의 전략으로 성공한 외식업 브랜드

서울의 한 작은 디저트 카페는 "프리미엄 홈메이드 디저트"라는 브랜드 콘셉트를 중심으로 나만의 전략을 수립했습니다. 이 카페는 고객의 감각을 자극하는 비주얼과 맛으로 차별화된 디저트를 개발하고, SNS를 통해 젊은 세대와의 소통을 강화했습니다. 또한, 로컬 생산자와 협업하여 신선한 재료를 활용함으로써 건강하고 정직한 이미지를 구축했습니다. 이 전략은 단순한 디저트 판매를 넘어 고객에게 특별한 경험을 제공하며, 브랜드의 가치를 지속적으로 강화하는 데 성공했습니다.

결론적으로 외식업 프로듀서로서 나만의 전략을 수립하는 과정은 브랜드의 성공과 실패를 가르는 중요한 요소입니다. 자신만의 강점과 시장의 니즈를 기반으로 창의적이고 실행 가능한 전략을 수립한다면, 경쟁이 치열한 외식업 시장에서도 독보적인 위치를 차지할 수 있습니다.

프로듀서로 성장하기

12

CHAPTER

34. 외식업 전문가로서 성장하는 법

외식업 전문가로 성장하는 과정은 단순히 업계 경험을 쌓는 것에 그치지 않고, 지속적인 학습과 전문성 개발, 그리고 시대의 변화에 발맞춘 적응력을 필요로 합니다. 외식업은 트렌드와 기술, 고객의 요구가 빠르게 변화하는 산업이므로, 전문가로 성장하기 위해서는 이 변화를 이해하고 이를 실질적인 역량으로 전환해야 합니다.

전문가로 성장하기 위한 필수 요소

지속적인 학습과 연구를 해야 합니다. 외식업 전문가로 성장하려면 트렌드와 업계의 변화를 주도적으로 이해하고 적용할 수 있어야 합니다. 이를 위해 정기적으로 외식업 관련 세미나, 워크숍, 강의를 통해 최신 정보를 습득하고, 새로운 기술과 전략을 배우는 노력을 게을리하지 않아야 합니다. 또한, 자신만의 연구 주제를 설정하여 해당 분야에서 전문성을 강화할 필요가 있습니다.

예를 들어, 특정 외식업 카테고리(예: 채식 레스토랑, 퓨전 요리)에 대한 심층적인 연구를 통해 해당 분야의 전문가로 자리잡을 수 있습니다.

고객 중심 사고 방식을 가져야 합니다. 외식업은 고객 경험이 브랜드의 성공을 좌우하는 산업입니다. 따라서 고객의 니즈와 기대를 이해하고, 이를 초과 달성하기 위한 사고방식을 가져야 합니다. 고객의 피드백을 경청하고, 이를 개선의 기회로 활용하며, 고객 만족도를 높이는 방안을 지속적으로 모색해야 합니다.

고객의 입장에서 매장의 동선, 메뉴 구성, 서비스 프로세스를 설계하고, 정기적으로 고객 만족도를 조사하여 개선점을 도출하는 과정이 필요합니다.

네트워크와 협업이 필요합니다. 외식업 전문가로 성장하려면 다양한 업계 관계자와의 네트워크를 구축하고 협력 관계를 유지하는 것이 중요합니다. 셰프, 매장 운영자, 디자이너, 마케터, 상권 분석가 등 다양한 분야의 전문가들과 협력하여 시너지 효과를 만들어낼 수 있습니다.

특히, 동종 업계에서 성공한 사례를 벤치마킹하고, 이들과의 협업을 통해 새로운 아이디어와 전략을 도출할 수 있습니다. 업계 컨퍼런스나 네트워킹 이벤트에 참여하여 관계를 확장하는 것도 좋은 방법입니다.

외식업 전문가로서 성장하는 구체적인 전략

트렌드를 단순히 따라가는 것이 아니라, 앞서 나가야 합니다. 이를 위해 글로벌 외식 시장을 모니터링하고, 최신 기술과 고객 행동 변화를 분석하여 트렌드를 선도할 수 있는 전략을 마련해야 합니다. 예를 들어, 최근 증가하는 환경 친화적인 레스토랑 수요에 대응하기 위해 지속 가능성을 강조하는 비즈니스 모델을 개발할 수 있습니다.

현대 외식업은 데이터를 기반으로 한 의사결정이 핵심입니다. POS 시스템, 고객 리뷰, 소셜 미디어 분석 등을 통해 고객 행동과 시장 트렌드를 이해하고, 이를 바탕으로 개선안을 도출할 수 있는 역량을 길러야 합니다.

데이터 분석을 통해 가장 인기 있는 메뉴를 파악하거나, 특정 시간대의 매출 변화를 예측하여 운영 효율성을 높일 수 있습니다.

브랜딩은 외식업 전문가로서 성공하기 위해 필수적인 요소입니다. 브랜드의 아이덴티티를 명확히 설정하고, 고객이 브랜드에 감정적으로 연결될 수 있도록 매력적인 스토리를 설계해야 합니다. 이는 단순한 로고와 슬로건을 넘어, 고객이 브랜드를 통해 얻고자 하는 가치를 전달하는 데 중점을 둡니다.

전문가로 성장한 성공 사례

서울의 한 개인 레스토랑 운영자는 지속적으로 고객과의 소통을 강화하고, 데이터를 기반으로 메뉴와 서비스를 개선하면서 업계의 주목을 받았습니다. 그는 고객 리뷰를 꼼꼼히 분석하여 메뉴 품질과 서비스를 개선했으며, 환경친화적인 인테리어와 지역 농산물을 활용한 메뉴로 독창적인 브랜드 이미지를 구축했습니다.

결국 이 레스토랑은 단순한 식사 공간을 넘어 고객에게 의미있는 경험을 제공하는 브랜드로 자리 잡았으며, 이는 운영자의 전문성과 성장 노력의 결과였습니다.

결론적으로 외식업 전문가로 성장하기 위해서는 끊임없는 학습, 고객 중심의 사고, 데이터 기반의 의사결정, 그리고 네트워킹과 협업을 통해 지속적으로 자신의 전문성을 개발해야 합니다. 또한, 시장 트렌드를 주도적으로 이해하고 반영하여 경쟁에서 앞서 나갈 수 있는 역량을 갖추는 것이 필수적입니다. 이를 통해 고객과 업계 모두에게 신뢰받는 외식업 전문가로 자리 잡을 수 있습니다.

35. 시장 트렌드와 고객 니즈를 읽는 능력

외식업은 고객의 선호와 시장 환경이 끊임없이 변화하는 산업으로, 지속적인 성공을 위해서는 트렌드와 고객 니즈를 읽어내는 능력이 필수적입니다. 이 능력은 단순히 현재 유행하는 요소를 브랜드에 도입하는 것을 넘어, 고객이 내일 무엇을 필요로 하고 기대할지를 미리 예측하고 대비하는 과정입니다. 이러한 분석과 실행 능력은 외식 브랜드가 단기적인 성공을 넘어 장기적으로 지속 가능한 성장을 이루는 데 중요한 역할을 합니다.

시장 트렌드와 고객 니즈의 상호작용

시장의 트렌드는 고객의 요구와 행동 패턴을 반영하며, 고객 니즈는 다시 시장 트렌드를 형성하는 데 영향을 미칩니다. 외식업 프로듀서는 이 상호작용을 면밀히 관찰하고 분석해야 합니다. 특히, 외식 시장에서는 변화의 속도가 빠르기 때문에 주기적으로 시장 트렌드를 점검하고 고객 니즈를 깊이 이해하는 과정이 필요합니다.

최근 몇 년간 주목할 만한 시장 트렌드로는 로컬화, 지속 가능성, 건강 중심의 메뉴 구성, 디지털 경험 강화 등이 있습니다. 고객 니즈는 이러한 트렌드 속에서 다양하게 진화하고 있으며, 고객은 이제 단순히 맛과 가격뿐 아니라 브랜드가 제공하는 경험과 가치를 중시합니다.

시장 트렌드를 읽어내는 구체적인 방법

- **데이터 분석 기반의 통찰:** 매출 데이터, 고객 피드백, 소셜 미디어 트렌드를 분석하면 고객의 선호도와 행동 패턴을 명확히 파악할 수 있습니다. 빅데이터 분석 도구나 소셜 리스닝 기술을 활용해 특정 키워드나 해시태그를 모니터링하는 것도 효과적입니다.

- **현장 관찰:** 고객과의 접점을 직접 관찰하면 정량적인 데이터로는 잡아낼 수 없는 미세한 니즈를 파악할 수 있습니다. 예를 들어, 고객이 특정 메뉴에 주목하는 이유나 매장 내 동선에서 발생하는 불편함은 현장 관찰을 통해 발견할 수 있는 귀중한 정보입니다.

- **경쟁사와 협업사 분석:** 경쟁 브랜드가 어떤 방식으로 트렌드에 대응하고 있는지 관찰하고, 성공과 실패의 요인을 분석하면 시장 변화에 대한 인사이트를 얻을 수 있습니다. 협력 업체와의 대화에서도 시장에 대한 새로운 정보를 얻을 수 있습니다.

고객 니즈를 읽는 구체적인 방법

- **직접적인 상호작용:** 설문조사, 인터뷰, 온라인 리뷰 분석은 고객이 브랜드와 제품에 대해 어떻게 생각하고 있는지를 직접적으로 알 수 있는 방법입니다. 특히, 반복적으로 나타나는 피드백은 고객 니즈를 파악하는 데 중요한 단서가 됩니다.

- **고객 여정 분석:** 고객이 브랜드를 처음 접한 순간부터 재방문 또는 추천까지의 과정을 추적하면, 고객이 어디에서 가장 큰 만족과 불만을 느끼는지 알 수 있습니다. 이를 통해 고객 경험의 핵심 접점을 개선할 수 있습니다.

- **행동 데이터 활용:** 고객이 선택한 메뉴, 방문 시간, 구매 패턴 등 행동 데이터는 고객의 니즈를 파악하는 데 중요한 정보를 제공합니다. 이러한 데이터를 분석하면 고객이 어떤 상황에서 어떤 선택을 하는지 이해할 수 있습니다.

트렌드와 니즈를 브랜드 전략에 반영하기

트렌드와 니즈를 성공적으로 반영하기 위해서는 단순한 모방이 아니라, 브랜드의 정체성을 유지하면서 고객과 시장의 변화를 수용하는 전략이 필요합니다. 이를 위해 다음과 같은 접근 방식을 고려할 수 있습니다.

- **차별화된 브랜드 콘셉트 개발:** 모든 브랜드가 트렌드를 따를 때, 독창적인 접근으로 고객의 주목을 끌어야 합니다. 예를 들어, 지속 가능성을 강조하는 메뉴를 제공하면서도 지역 특산물이나 브랜드만의 독창적인 조리법을 강조하면 차별화된 가치를 전달할 수 있습니다.

- **프로토타이핑과 테스트:** 고객의 반응을 확인하기 위해 소규모로 새로운 메뉴나 서비스를 테스트하고, 이를 바탕으로 개선하는 과정을 거쳐야 합니다. 팝업 매장, 한정 메뉴, 시범 서비스를 활용하면 고객 반응을 빠르게 확인할 수 있습니다.

- **고객 경험 중심의 실행:** 고객 니즈를 충족하기 위해 트렌드를 반영한 서비스나 메뉴를 도입할 때는, 이를 통해 제공되는 경험이 고객에게 어떻게 다가갈지를 고려해야 합니다. 새로운 메뉴를 출시하더라도, 고객 경험이 불편하거나 혼란스러우면 트렌드 도입의 효과가 반감됩니다.

시장과 니즈를 선도한 브랜드 성공사례

글로벌 커피 브랜드 스타벅스는 로컬화와 개인화 전략의 성공적인 예입니다. 각 국가별로 문화적 특성과 고객 선호를 반영한 메뉴를 도입함으로써 글로벌 트렌드를 반영하면서도 지역 고객의 마음을 사로잡았습니다. 예를 들어, 한국에서는 인절미와 팥을 활용한 메뉴를 출시하여 로컬화를 성공적으로 구현했습니다.

또한, 미국의 패스트 캐주얼 레스토랑 체인 치폴레(Chipotle)는 건강 중심 트렌드와 지속 가능성을 강조하며 고객의 신뢰를 얻었습니다. 치폴레는 재료의 신선함과 원산지를 투명하게 공개하며, 고객의 건강과 환경을 동시에 고려한 브랜드로 자리 잡았습니다.

결론적으로 지속 가능한 성장을 위한 핵심 역량이 필요합니다. 시장의 트렌드와 고객 니즈를 읽어내는 능력은 외식업 프로듀서의 기본 역량 중 하나입니다. 이를 통해 브랜드는 변화하는 시장 환경에서 민첩하게 대응하며, 고객과의 깊은 신뢰를 쌓을 수 있습니다. 트렌드를 수용하되 브랜드 정체성을 유지하고, 고객 니즈를 충족시키되 기대를 초월하는 경험을 제공하는 것이 성공의 열쇠입니다.

이 능력을 지속적으로 발전시키는 외식업 프로듀서는 고객에게 사랑받는 브랜드를 설계할 수 있을 뿐만 아니라, 외식업 시장에서 차별화된 가치를 창출할 수 있습니다.

36. 창업에서 확장으로: 프랜차이즈 모델 개발

외식업 창업이 성공적으로 자리 잡은 이후, 사업을 확장하는 방법 중 가장 효과적인 전략 중 하나는 프랜차이즈 모델을 개발하는 것입니다. 프랜차이즈는 브랜드의 성공적인 비즈니스 모델과 운영 시스템을 기반으로 신규 가맹점주에게 노하우를 전수하고, 이를 통해 브랜드의 시장 점유율과 인지도를 빠르게 확대할 수 있는 방식입니다. 하지만 프랜차이즈 모델은 단순히 점포 수를 늘리는 것을 넘어, 체계적이고 지속 가능한 운영 체계를 구축하는 데 초점을 맞춰야 합니다.

프랜차이즈 모델의 핵심 구성 요소

프랜차이즈 모델을 성공적으로 개발하려면 다음의 세 가지 핵심 요소를 충족해야 합니다.

프랜차이즈는 동일한 브랜드 경험을 모든 가맹점에서 일관되게 제공하는 것이 중요합니다. 이를 위해 조리법, 서비스 방식, 매장 운영 절차 등을 표준화해야 합니다.

예를 들어, 조리법과 레시피는 단순히 문서화하는 것을 넘어, 교육 프로그램과 매뉴얼을 통해 가맹점주와 직원들이 쉽게 이해하고 실행할 수 있도록 설계해야 합니다. 또한, 재료의 품질과 공급을 표준화하여 모든 매장에서 동일한 수준의 음식을 제공하도록 해야 합니다.

프랜차이즈의 성공 여부는 브랜드의 독창성과 경쟁력에 달려 있습니다. 차별화된 브랜드 콘셉트와 고객이 공감할 수 있는 스토리텔링이 중요합니다.

예를 들어, 브랜드만의 고유한 시그니처 메뉴나 독특한 고객 경험이 없다면, 가맹점주와 고객 모두에게 매력적으로 다가가기 어렵습니다. 따라서, 브랜드의 핵심 가치를 명확히 정의하고, 이를 모든 가맹점에서 일관되게 구현해야 합니다.

프랜차이즈의 또 다른 핵심 요소는 가맹점주에 대한 체계적인 지원입니다. 초기 창업 비용, 교육 프로그램, 마케팅 지원, 운영 상담 등 가맹점주가 안정적으로 매장을 운영할 수 있도록 돕는 시스템이 필요합니다.

예를 들어, 초기 창업 시 상권 분석과 입지 선정, 인테리어 설계, 직원 채용 지원 등의 서비스를 제공하면 가맹점의 초기 성공률을 높일 수 있습니다. 또한, 정기적인 운영 점검과 피드백을 통해 가맹점주와 본사가 긴밀히 협력하는 구조를 만들어야 합니다.

프랜차이즈 모델 개발 과정

프랜차이즈 모델 개발은 단순한 확장이 아니라, 철저한 준비와 검증을 필요로 합니다. 다음은 프랜차이즈 모델을 성공적으로 개발하기 위한 주요 단계입니다.

- **파일럿 매장 운영:** 프랜차이즈화를 시작하기 전, 브랜드의 비즈니스 모델을 테스트할 파일럿 매장을 운영해야 합니다. 파일럿 매장을 통해 브랜드 콘셉트, 메뉴, 운영 시스템의 실효성을 검증하고, 발견된 문제를 해결해야 합니다.

- **운영 매뉴얼과 교육 프로그램 구축:** 모든 가맹점이 동일한 운영 체계를 유지할 수 있도록, 조리법, 서비스 프로세스, 매장 관리 절차를 문서화한 운영 매뉴얼을 제작해야 합니다. 또한, 가맹점주와 직원들이 필요한 기술과 지식을 습득할 수 있도록 체계적인 교육 프로그램을 제공해야 합니다.

- **가맹점주 모집과 계약:** 가맹점주를 모집할 때는 브랜드에 대한 이해와 운영 능력을 갖춘 적합한 파트너를 선별하는 것이 중요합니다. 계약 시에는 브랜드 사용권, 로열티, 매장 운영 규

칙 등에 대한 명확한 기준을 설정해야 합니다.

- **지속적인 지원과 관리:** 가맹점 운영 초기에는 본사에서의 지원이 특히 중요합니다. 이후에도 정기적인 점검과 교육을 통해 가맹점이 브랜드의 표준을 유지할 수 있도록 돕는 한편, 가맹점의 수익성을 높이기 위한 전략적 지원을 이어가야 합니다.

성공적인 프랜차이즈 사례

서브웨이는 간편식 샌드위치 시장에서 성공적으로 프랜차이즈 모델을 구축한 사례로, 표준화된 운영 시스템과 차별화된 고객 경험의 중요성을 보여줍니다. 서브웨이는 주문 시 고객이 재료를 선택할 수 있는 개인화 서비스를 제공하며, 이를 모든 매장에서 일관되게 구현하고 있습니다.

또 다른 성공 사례로는 스키야(Sukiya)를 들 수 있습니다. 스키야는 일본 전통 요리인 규동(소고기 덮밥)을 중심으로 한 간편식 브랜드로, 빠른 서비스와 합리적인 가격을 통해 폭넓은 고객층을 확보했습니다. 스키야는 효율적인 운영 시스템과 함께 고객의 요구에 민첩하게 대응하는 메뉴 전략으로 성공을 거두었습니다.

특히, 고객이 언제든지 원하는 메뉴를 즐길 수 있도록 24시간

영업 체제를 도입했으며, 매장 내 테이블뿐만 아니라 테이크아웃과 배달 서비스도 강화하여 다양한 고객 니즈를 충족했습니다. 또한, 메뉴의 현지화를 통해 지역마다 선호하는 맛을 반영한 제품을 선보이며, 지역 고객들의 만족도를 높였습니다.

스키야의 성공은 강력한 물류 시스템과 체계적인 직원 교육 덕분에 가능했습니다. 이를 통해 전국 어디에서나 동일한 품질과 서비스를 제공할 수 있었고, 고객에게 일관된 브랜드 경험을 전달하며 일본 외식 시장에서의 입지를 확고히 다졌습니다. 이러한 운영 모델은 스키야가 일본 내 프랜차이즈 시장에서 빠르게 확장할 수 있는 원동력이 되었습니다.

지속 가능한 확장을 위한 고려사항

프랜차이즈는 단기적인 점포 확장이 아니라, 브랜드의 지속 가능한 성장을 위한 전략입니다. 이를 위해 다음의 요소를 고려해야 합니다.

- **가맹점 품질 관리:** 프랜차이즈가 확장될수록 개별 가맹점의 품질 관리가 어려워질 수 있습니다. 이를 방지하기 위해 정기적인 점검과 품질 평가를 실시하고, 가맹점주와의 소통을 강화해야 합니다.

- **브랜드 일관성 유지:** 여러 가맹점에서 동일한 브랜드 경험을 제공하는 것이 중요합니다. 이를 위해 브랜드 정체성을 철저히 관리하고, 각 가맹점이 브랜드 가치를 훼손하지 않도록 지속적으로 교육해야 합니다.

- **로열티와 상생 구조:** 본사와 가맹점 간의 관계는 상생 구조로 유지되어야 합니다. 지나치게 높은 로열티나 과도한 본사 요구는 가맹점주의 불만을 초래하고, 브랜드 전체에 부정적인 영향을 미칠 수 있습니다.

결론적으로 성공적인 프랜차이즈 모델의 완성이 필요하다. 프랜차이즈 모델 개발은 단순히 매장의 숫자를 늘리는 것을 넘어, 브랜드의 가치를 확장하고 고객과 가맹점 모두에게 만족을 제공하는 과정입니다. 표준화된 운영 시스템, 강력한 브랜드 콘셉트, 체계적인 가맹점 지원이 뒷받침될 때, 프랜차이즈는 성공적인 외식 브랜드로 성장할 수 있는 강력한 도구가 됩니다.

외식업 프로듀서는 창업 이후의 확장 전략을 명확히 설계하고, 이를 실행하기 위한 체계적인 기반을 다져야 합니다. 이는 단기적인 성공을 넘어, 외식 브랜드의 지속 가능성과 장기적인 성장으로 이어지는 길입니다.

에필로그

외식업 프로듀싱, 성공과 행복을 설계하다

외식업은 단순히 음식을 판매하는 산업이 아닙니다. 그것은 고객에게 행복한 순간을 선사하고, 브랜드의 가치를 통해 지속적인 신뢰를 쌓아가는 과정입니다. 외식업 프로듀싱은 바로 이러한 여정을 체계적으로 설계하고 실행하며, 브랜드와 고객 모두에게 만족과 행복을 안겨주는 특별한 역할을 수행합니다.

성공적인 외식 브랜드는 우연히 만들어지지 않습니다. 치열한 시장 속에서 살아남고, 고객에게 선택받으며, 지속적으로 성장하기 위해서는 명확한 콘셉트, 효율적인 운영, 탁월한 서비스, 그리고 고객 경험 중심의 설계가 필수적입니다. 외식업 프로듀서는 이러한 모든 요소를 조화롭게 통합하여 브랜드의 성공을 이끄는 핵심 인물입니다.

책에서 다룬 모든 내용은 외식업 프로듀서로 성장하기 위한 로드맵이자, 외식업의 새로운 가능성을 열어가는 도전의 출발점입니다. 여러분이 외식업에 첫 발을 내딛는 창업자이든, 이미 성공을 이루어 더 큰 도약을 꿈꾸는 경영자이든, 이 여정에서 가장 중요한 것은 고객과의 연결입니다.

고객의 니즈를 이해하고, 그들이 원하는 것을 넘어 기대 이상의 가치를 제공할 때, 비로소 외식 브랜드는 단순한 가게를 넘어 고객의 삶에 긍정적인 영향을 미치는 존재가 됩니다. 이는 외식업 프로듀싱의 진정한 본질이자, 가장 보람 있는 목표입니다.

여러분의 브랜드가 고객과 깊이 소통하고, 시장에서 강렬한 존재감을 발휘하며, 더 나아가 외식업계에서 새로운 기준을 만들어가기를 바랍니다. 이러한 노력은 단순히 매출의 증가로 이어지는 것이 아니라, 더 나아가 브랜드와 고객 모두에게 행복을 가져다주는 지속 가능한 성공으로 이어질 것입니다.

이 책이 여러분이 꿈꾸는 외식 브랜드의 설계를 도와주는 동반자가 되기를 진심으로 바랍니다. 여러분의 여정에 끊임없는 영감과 도전이 함께하기를 바라며, 그 길 위에서 만날 고객들과 나눌 행복한 순간들을 기대합니다.

외식업 프로듀서로서, 성공과 행복을 설계하는 멋진 여정을 시작하십시오.

저/ 자/ 소/ 개

김영갑

- 현, KYG푸드서비스그룹 교수
- 현, KYG상권분석연구원 교수
- 전, 한양사이버대학교 호텔외식경영학과 교수
- 전, 한양사이버대학교 대학원 외식프랜차이즈MBA 교수
- 건국대학교 부동산 대학원 '빅데이터를 활용한 상권분석 3.0' 출강
- 국내 주요 상권분석시스템 개발 및 공공기관 상권분석 관련 프로젝트 자문
- 한양사이버대학교 평생교육원 '상권분석 전문가 과정' 지도교수
- KYG외식경영연구원㈜ '온라인마케팅 전문가 과정' 지도교수
- 사단법인 일자리창출진흥원 원장
- 소상공인시장진흥공단 2016년 가상창업체험서비스 시범사업 자문교수
- 소상공인시장진흥공단 2017년 상권정보시스템 컨설팅 부문 시범사업 자문교수
- 상권육성전문가 자격시험 상권분석 부문 출제위원

저서 및 논문

- 『상권분석론』, 『외식창업론』, 『외식메뉴관리론』, 『외식마케팅』, 『미스터리 쇼핑』, 『호텔마케팅』, 『관광정보론』 외 다수
- 외식소비자의 MSG 허용범위와 사용량인식이 구매의도에 미치는 영향,
  레스토랑에서 소비자가 지각하는 가격인지차원의 타당성 검증,
  Q방법론에 의한 패밀리레스토랑 소비자의 세분화 외 다수

- **유튜브 채널** : 김영갑교수TV (@webkim777)
- 네이버 블로그 : blog.naver.com/webkim
- 강의요청 : webkim@naver.com

줄 서는 식당을 만드는 Concept 기획

외식업 프로듀서의 8단계 전략

1판발행 2025년 4월 30일 **1판 1쇄**

지은이 김영갑
펴낸이 최용구
펴낸곳 도서출판 **이프레스**
주소 (04316) 서울시 용산구 원효로 89길 19 (원효로1가)
전화 02) 537-1720(영업부), 537-1721(편집부), 537-1711(팩스)
이메일 epress01@naver.com | **홈페이지** www.epress1.com
등록 2009년 12월 10일 제16-2710호
기획마케팅 최용구 장만동 송대용 최충구 | **책임편집** 석기은 황가연 | **표지** SDY

ISBN 979-11-91348-90-3 13320
정가 15,000원